Markus Berger – Stechapfel und Engelstrompete
Ein halluzinogenes Schwesternpaar

Mit einem Vorwort von Christian Rätsch

Aus der Reihe:
Die Nachtschattengewächse – Eine faszinierende Pflanzenfamilie
Hrsg. von Roger Liggenstorfer und Christian Rätsch

Bereits veröffentlichte Titel:
Wolf-Dieter Storl: Götterpflanze Bilsenkraut (2000)
Christian Rätsch: Schamanenpflanze Tabak Band I (2002)
Christian Rätsch: Schamanenpflanze Tabak Band II (2003)
Patricia F. Ochsner: Hexensalben & Nachtschattengewächse (2003)

Weitere geplante Titel:
Claudia Müller-Ebeling, Christian Rätsch: Zauberpflanze Alraune
Erwin Bauereiß, Die Tollkirsche - Königin der dunklen Wälder
Nachtschattengewächse als Schnupfpulver
Nachtschattengewächse in Nahrung und Medizin
u.a.m.

Die erste botanisch exakte Darstellung aus dem ***Kräuterbuch*** (1543) von Leonardt FUCHS (1501 – 1566), einem der so genannten »Väter der Botanik«.

Markus Berger

Stechapfel und Engelstrompete

Ein halluzinogenes Schwesternpaar

Mit einem Vorwort von Christian Rätsch

Impressum

Verlegt durch
NACHTSCHATTEN VERLAG AG
Kronengasse 11
CH - 4502 Solothurn
www.nachtschatten.ch
info@nachtschatten.ch

Layout: Janine Warmbier

Umschlaggestaltung: Janine Warmbier
unter Verwendung von einem Foto von Claudia Müller-Ebeling
Mitte links: »Altes Weib (=Hexe) im Kampf mit dem Teufel« (Holzschnitt, 16. Jh.)
Foto (U4): Unmatta Bhairab (siehe Seite 31 und 61), Foto: Christian Rätsch

Lektorat: Conny Schönfeld; Freiburg i. Br.

Herstellung: WB-Druck GmbH & Co.; Rieden
Printed in Germany
ISBN 3-03788-108-9

Botanische Schreibweise beruht auf:

HELMUT GENAUST, ***Etymologisches Wörterbuch der botanischen Pflanzennamen***, 3. Auflage, Basel usw.: Birkhäuser, 1996.

Inhalt

Vorwort oder ein Anfang … **9**
Vorwort oder ein Anfang … von Christian Rätsch 9
Vorwort des Autors 13
Danksagung und Widmung 17
Zum Geleit 19

Botanik **23**
Familien der Datura und Brugmansia 23
Datura spp. 23
Brugmansia spp. 38
Exkurs: Das Datura-Blatt mikroskopisch betrachtet 48
Pflege 49
Pflege Datura spp. 49
Pflege Brugmansia spp. 50
Schädlinge und Krankheiten 51
Vermehrung 55
Vermehrung der Datura durch Aussaat 55
Vermehrung der Datura durch Stecklinge 56
Vermehrung der Brugmansia durch Aussaat 56
Vermehrung der Brugmansia durch Stecklinge 57
Exkurs: Zucht der Brugmansia 57

Geschichte **61**
Über die Verwandtschaft von Datura und Brugmansia 64
Farbtafeln *65*
Vorkommen und Gebrauch 67
Asien 67
Afrika 71
Amerika 74

Australien 84
Europa 85
Datura und Brugmansia in der Medizin 88
Verwendung in der Volksmedizin und Heilkunde 88
Verwendung in der Schulmedizin 91
Verwendung in der Homöopathie 91
Datura und Brugmansia als Aphrodisiakum 92
Squash Blossom-Ketten 99
Claudia Müller-Ebeling und Christian Rätsch
Kürbisblüten oder Stechäpfel – Die Entschlüsselung eines indianischen Symbols 99
Die so genannten Squash Blossom-Ketten 99
Anklänge an das Naja-Motiv 100
Die formale Entwicklung der Ketten 101
Die Geschichte der Deutung 103
Der Wandel eines Symbols 104
Die Wurzel des Ornaments im Amulett 105
Die kulturelle Bedeutung der Datura bei den Navajo 105
Über die Beziehung der Datura zur Winde 108

Chemie **111**
Allgemeine Grundlagen 111
Die Tropanalkaloide 111
Nachweis durch Drogenscreening 114

Verwendung **115**
Rauchen 115
Essen 117
Trinken 117
Sonstige Applikationsformen 118
Klassische psychoaktive Zusammenstellungen 119

Exkurs: Brugmansia und Ayahuasca 124
Wirkungen **127**
Physische Wirkungen 127
Psychische Wirkungen 128
Erfahrungen 129

Gefahren und Gegenmittel **141**
Intoxikation und Therapie 141
Kontraindikationen 144
Stechapfel und Engelstrompete in der Presse 144

Sonstiges **149**
Rechtslage 149
Datura im Alltag 149
Literatur 149
Datura im Märchen 151
Grafik und Bildende Kunst 153
Musik 156
Sonstiges 156
Berauschte Tiere: Die Schwärmer und der Stechapfel 157

Anhang **159**
Telefonnummern für den Notfall 159
Bezugsquellen & Infos 159
Bibliographie 160
Periodika 183
Ressourcen im Internet 183

Von den welschen Schlutten vñ den Stechenden öpffeln haben wir noch kein sondere erfarung/darumb wir auff diß mal von jrer würckung nichts kün den anzeygen. Dieweil es aber schöne gewechß seind/ habend wirs nit wöllen überschreiten/ auff das wir den andern vrsach geben nachzůdencken was derselbigen würckung weren.

Von den welschen Schlutten un den Stechenden öpffeln haben wir noch kein sondere erfahrung / darumb wir auf diß mal von jrer würckung nichts künden anzeygen. Dieweil es aber schöne gewechß seind / habend wirs nit wöllen überschreiten / auff das wir den andern ursach geben nachzudencken was derselbigen würckung weren.
Leonhart Fuchs, New Kreutterbuch 1544

Leonhart Fuchs, Holzschnitt aus FUCHS 1543

Vorwort oder ein Anfang ...

»Im Daturarausch tanzen und fliegen die Menschen. Völker in allen Erdteilen, nehmen Stechapfel zu sich, um den Wahnsinn zu erzeugen. Sie lassen die Kinder davon essen, die ihnen Gold an der Stelle anzeigen, wo sie berauscht niedersinken. Datura verführt Frauen, weissagt, läßt in die Zukunft sehen...«

(SCHENK 1948)

Ein Buch über Stechäpfel und Engelstrompeten zu schreiben erfordert mindestens genauso viel Mut, wie die Einnahme dieser Nachtschattengewächse. Markus Berger hatte den Mut. Und dafür dürfen wir dankbar sein. Denn sein Buch bietet eine Fülle wertvoller Informationen, die auf wissenschaftlichen Grundlagen, Forschungen und eigenen Erfahrungen basieren.

Informationen sind wichtig, sehr wichtig sogar, gerade wenn es um die »ach so gefährlichen« Stechäpfel und Engelstrompeten geht. Geistern sie in unserer Zeit doch immer mal wieder durch die sensationsheischende Tagespresse und Hochglanz-Magazinwelten. Sie werden multimedial verteufelt, dämonisiert, zur Schreckgespinsten degradiert – »Larvengesichter mit den Nachtschattenaugen« (JÜNGER).

Sie sind ein beliebter Sündenbock, eine Zielscheibe des Naturhasses und eine Projektionsfläche oberflächlicher Banalitäten.

Stechäpfel und Engelstrompeten gehören seit deren erster Erwähnung bei Leonhart FUCHS (1543) zu den beliebtesten Zierpflanzen in europäischen Gärten. Sie verzaubern nicht nur durch ihre Blütenpracht, sondern betören auch durch ihr verführerisches Parfüm. Sie sind Nachtdufter und verströmen ihren »göttlichen Duft« geradezu wollüstig in die lauen Sommernächte. Sie erzeugen echte Sommernachtsträume.

»Der Einfluß der Droge ist ambivalent; sie wirkt sowohl auf die Aktion wie auf die Kontemplation: auf den Willen wie auf die Anschauung. Diese beiden Kräfte, die sich auszuschließen scheinen, werden oft durch dasselbe Mittel hervorgerufen, wie jeder weiß, der einmal eine zechende Gesellschaft beobachtet hat.«
(JÜNGER 1980: 18)

Aber: Wer diese Pflanzen einnimmt um sich anzutörnen, wird sein blaues Wunder erleben, einen Ausflug in den Wahnsinn, ein Aufstieg in die eigene Hölle. In allen schamanischen Kulturen, sofern sie noch nicht dem monotheistischen Ausrottungsprogramm, das im 2. Psalm so herrlich besungen wird, zum Opfer gefallen sind, warnen die Schamanen und Schamaninnen, die Kräuterkundler und Vegetalistas (das sind keine Vegetarier!). Der Pflanzengeist ist zu mächtig für einen unvorbereiteten Menschen. Er verträgt keine Späße, mag keine Partys, und reagiert auf Dummheit ziemlich allergisch.

Richtig angewandt können Stechäpfel und Engelstrompeten zu angenehmen, erwünschten Wirkungen führen. Wer aber weiß schon, was richtig ist? Wo sind unsere Schamanen geblieben, die dem Suchenden mit Rat und Tat zur Seite stehen? – Sie sind leider ausgerottet worden! Aber die Pflanzen haben überlebt. Auch die Menschen, aber leider nur die mehr oder weniger Unkundigen.

Dafür wurden die Pflanzen den frühneuzeitlichen Botanikern überlassen, den »Vätern der Botanik«, den heimischen Kräutlern und Wurzelseppen, den Pharmazeuten und Chemikern, und den Psychonauten. Der Stechapfel ist ein echtes deutsches, genauer gesagt deutschsprachiges Thema, angefangen bei Fuchs.

Foto: Christian Rätsch

Brugmansia gelb

Annäherungen an den Stechapfel

»Mexikos Erde verdanken wir eine Reihe titanischer Varianten; der Boden ist urträchtig. Der Truthahn, der Mais, die Sonnenblume … Die Nachtschatten fallen durch Riesenknollen und -früchte auf. Ein Grund für Pyramiden und Cäsaren, Adler und Schlange, Zauberer und Wahrsager, Hexen und Giftmischer …«
(JÜNGER 1980: 43)

Die Maya nennen den Stechapfel xtohk'uh, »Wesen in Richtung der Götter«; die Spanier nannten dasselbe Gewächs Yerba del diablo, »Kraut des Teufels«. Bei den Maya ist die Richtung der Götter ambivalent, weder »gut« noch »böse«, denn dieser künstliche Dualismus hat keinen Platz in einem schamanischen, polytheistischen Kosmos. Will heißen, es kommt darauf an, was der Mensch mit diesem Göttergewächs anstellt, ob es ihm nützt oder schadet. Die monotheistischen Konquistadoren hatten es da einfacher; sie erklärten alle Götter der Maya zu Teufeln, machten sie böse, und nannten die heilige Datura schlicht »Kraut des Teufels«. Wer es nimmt, egal was er damit erlebt, erliegt den Einflüsterungen Satanas. Deswegen ist die Datura Gift für den monotheistischen Geist.

»Die Typen mit den großen Pupillen erregen bald Mißtrauen.«
(JÜNGER 1980: 285)

Kein Wunder also, dass der Stechapfel als »Hexenkraut« im guten Alten Europa angesehen wurde. Die Zunft der Ärzte trug dazu in besonders perfider Form bei. Sie überlegten sich, welche Drogen wohl in den ruchbaren »Hexensalben« gewesen waren. Aufgrund ihrer Kenntnis oder Einschätzung der Datura kamen sie zu der Überzeugung, dass der Stechapfel der Hauptbestandteil der Salbe gewesen sein müsse, denn nur er könne eine totenähnliche Lethargie mit wollüstigen Träumen verursachen. Was die Medici nicht bemerkt haben, ist, dass der Stechapfel in Europa gar keine heimische Pflanze war … Annahme statt Wissen; was für'ne Welt!

»Das Wissen beginnt die alten Zeiten und Räume zu beleben; das sind Beschwörungen.« (JÜNGER 1980: 347)

Unser Wissen über die Stechäpfel und Engelstrompeten ist zwar schon recht reichhaltig, aber doch oft nur fragmentarisch, nebulös, nachtschattig. Aber die Forschung, die unser Wissen vergrößert, erweitert, vertieft, auch in Glücksmomenten neue Erkenntnisse erzwingt, ist keine Lehre mit Abschluss, kein Studium mit Promotion, sie ist ein überindividueller Prozess, ein kollektives Abenteuer, genährt von Wagemutigen, Abenteurern, echten Forschern, deren Erfahrungen uns bereichern. Die forscherische Tat allein ist, was uns unser Wissen schaft. Die Forschung ist immer am Anfang. Denn sie definiert sich gerade dadurch, dass sie kein Ende hat …

Dem heranreifenden Autor Markus Berger, einem Erkenntnissuchenden, vom Forschertrieb Ergriffenen, ist es gelungen, ein wunderbar knapp und übersichtliches Glanzlicht auf die Wogen des Meeres unseres Wissens zu werfen.

Christian Rätsch
Im wonnigen Mai 2003

»Stechapfel mit Herz«: Stechapfelfrucht (***Datura stramonium*** var. ***ferox***), fotographiert in der Oase San Pedro de Atacama, Nordchile.

Vorwort des Autors

»Ich werde dich gleich auffressen, du!
... Ich bin der Tiger von Tabasco!«
»Nein das bist du nicht, sag lieber deinen Namen!«
»Dann bin ich doch ein Leoncito?«[1]
»Nein, das bist du auch nicht. Du bist wieder betrunken von deinen verdammten Indianerkräutern ... Pack dich!«
»Na, wenn nicht, dann nicht ... Verzeihen Sie die Belästigung!«
(nach REKO 1938)[2]

Nachtschattengewächse sind modern, nicht nur weil sie legal sind. Schamanische Zaubergewächse gewinnen in dieser Zeit immer mehr an Bedeutung. Nicht nur die Anhänger verschiedener kultureller Strömungen wie Psychedelic/Goa, Hip Hop oder esoterisch/religiös Suchende und kopflose Teenager, die mal wieder ein Wochenende ohne Cannabis zu überbrücken haben, suchen die ultimative Trance- oder Rausch-Erfahrung in der Welt der Solanaceen. Gerade in dieser Zeit, in der nur allzu häufig mit dem neuen Modewort »Schamane« umhergeworfen wird und Beamte und Hausmütterchen sich nach einem Wochenendseminar als »Schamanenheiler« bezeichnen, wird die Einnahme entheogener Pflanzen plötzlich auch für andere Schichten interessant. Allerdings ist es für selbst ernannte »Neo-Schamanen«, aber auch für ernsthafte Psychonauten vergleichsweise schwierig, an Pflanzen, wie Mandragora (Alraune) oder Hyoscyamus (Bilsenkraut) zu kommen.

Atropa (Tollkirsche), ***Datura*** (Stechapfel) und ***Brugmansia*** (Engelstrompete) hingegen sind in unseren Gefilden allerorten verfügbar und leicht zu identifizieren.

---

[1] Leoncito = Löwenjunges
[2] Dieses Gespräch aus REKOS »Magische Gifte« findet zwischen einem ›Berauschten‹ und einem ›Polizeiarzt‹ statt. Der Dialog wurde ebenfalls in RÖMPP ET SCHURZ 1972 wiedergegeben.

Um die beiden letztgenannten, Stechapfel und Engelstrompete, geht es in diesem Buch. Die Pflanzen der beiden Gattungen erfreuen sich zunehmender Beliebtheit, vermutlich weil sie einfach zu beschaffen und hochpotent halluzinogen sind.

Aber warum gleich zwei Gattungen in einem Buch? Nun, Brugmansia ist eine der Datura nahe verwandte Pflanze. Lange Zeit wurden die Engelstrompeten botanisch-nomenklatorisch unter der Gattung Datura (Baumdatura) geführt und auch heute noch sind Engelstrompeten größtenteils unter diesem Namen erhältlich.

Die verschiedenen Stechapfel- und Engelstrompeten-Arten gibt es von Mai bis August oder September im Gartencenter, beim Nachbarn auf dem Hof oder – im Falle von ***Datura stramonium*** – sogar im Wald.

Allerdings sind Stechapfel und Engelstrompete aufgrund ihres Alkaloidgehalts zu den gefährlichsten geistbewegenden Gewächsen zu zählen. Die Einnahme dieser Pflanzen ist außerordentlich gefährlich! Der nicht sachgemäße, also nicht-schamanische Umgang mit allen Arten dieser Gattungen ist im schlimmsten Fall lebensbedrohlich. Die kopflose, unwissende Einnahme irgendwelcher Pflanzenteile endet nicht selten in einem komatösen Zustand, mit irreversibler Geisteskrankheit oder sogar dem Tod.

Vor diesem Hintergrund ist dieses Buch längst überfällig, zumal es speziell zu diesen Pflanzen bislang keine eigene Literatur gibt. Ich möchte den Leser keinesfalls ermuntern, machtvolle Schamanen-Entheogene zu konsumieren. Solcherlei Werkzeuge der Erkenntnis gehören in die Hände von erfahrenen Profis. Wichtig ist mir, objektiv und sachlich über alle Aspekte dieser interessanten Psychoaktiva aufzuklären. Der potenzielle Konsument sollte wissen, auf welcherlei Kraut er sich einlässt und welchen möglichen Gefahren er sich aussetzt.

An dieser Stelle möchte ich ein mit schönem Understatement ausgestattetes Zitat von HERMAN DE VRIES (die permanente Kleinschrift ist künstlerischer Natur) anführen:

»dieses jahr sind in frankreich drei jugendliche, die datura probierten, daran gestorben. ein fall von gebrauch ohne kenntnis der wirkung und aus einer kulturellen situation heraus, die die pflanze nicht ehrt, sondern konsumiert. von so einem geschehen könnte man lernen, es unserem erfahrungsschatz hinzufügen, aber nein, jetzt werden in frankreich die asthmazigaretten, die datura enthalten, gesetzlich verboten (patel). wir werden überall gegen die natur geschützt. wer schützt uns aber gegen das stetige schmalerwerden unseres erfahrungsraums? was die natur uns zu bieten hat, steht uns als urmenschliches grundrecht zu!«[3]

Ich selbst habe von 1994 bis heute eine Reihe gut vorbereiteter Selbstversuche durchgeführt und dabei einschlägige Erfahrungen mit der starken psychedelischen Wirkung der Pflanzenfamilien gemacht. Außerdem habe ich viele junge Menschen (und deren Angehörige) sehen müssen, welche aufgrund ihres schlechten Informationsstandes oder ihrer Gier nach dem High, so manche böse Erfahrung durchleben mussten. Desinformation, also Unwissenheit, ist sehr gefährlich. Der Terminus »Bio-Droge«, der immer wieder im Zusammenhang mit Stechapfel und Engelstrompete aufgewärmt wird, zeugt von einem unfassbaren Informationsdefizit. Was soll das sein, eine Bio-Droge? Gehören dann nicht auch Cannabis, Ritualkakteen oder Psilocybinpilze in diese Klasse? Gemeint sind wohl legale, nicht ins Betäubungsmittelgesetz aufgenommene Rauschpflanzen, die jedermann besorgen und innerhalb des gesetzlichen Rahmens konsumieren darf. Dies an sich ist auch ein debattierenswertes Thema. Kann es sein, dass beispielsweise Hanf verboten, hochtoxische Pflanzen wie Datura, Brugmansia oder Atropa aber keinerlei Kontrolle unterliegen? Der Umgang mit diesen Pflanzen kann wirklich gefährlich sein! Was natürlich kein Grund ist, diese zu illegalisieren. Alles kann irgendwie gefährlich sein. Nur weil man in Wasser ertrinken oder weil Feuer eine ungemein zerstörerische Kraft entfalten kann, kam noch niemand auf die Idee, diese beiden Elemente verbieten zu wollen.

Die Erklärungen der Einnahmetechniken in diesem Buch sind nicht als Anleitung zum Selbstversuch bestimmt, sondern verstehen sich als ethnologische Information – in einigen Kulturen wurden und werden

---

3 HERMAN DE VRIES, ***heilige bäume, bilsenkraut und bildzeitung***, in: GOTTWALD et RÄTSCH 2000: 49

Datura und Brugmansia rituell und medizinisch verwendet. Es soll nochmals ausdrücklich darauf hingewiesen sein, dass jede unbedarfte Einnahme der besprochenen Pflanzen höchste Risiken in sich birgt!
Dieses Büchlein versteht sich als Kollektion, als Sammelwerk. Ich präsentiere dem Leser das gesammelte Wissen rund um den Stechapfel und die Engelstrompete, mitunter auch längere Textpassagen aus schwer erhältlicher, oftmals alter Literatur, die von erheblicher Relevanz sind.
Bei aller Vielfalt an Literatur zu den psychoaktiven, entheogenen Gewächsen und Substanzen mangelt es doch an Lesestoff, welcher die interessanten Nachtschattenpflanzen wie Stechapfel und Engelstrompete, Tollkirsche, Bilsenkraut oder Alraune spezifisch behandelt und in eigenen Büchern darstellt. Die Werke der Reihe »Die Nachtschattengewächse – Eine faszinierende Pflanzenfamilie« beheben diesen bibliographischen Mangel.
Ich wünsche mir für die Zukunft, für die Menschheit und für diesen Planeten, dass irgendwann alle Lebewesen legal, also wirklich frei sein werden, und dass das kollektive Bewusstsein unserer Art doch noch zum Positiven transformiert, obgleich das momentan nun wirklich nicht so aussieht. Ich wünsche mir, dass die Entheogene endlich ihren Platz und den dazugehörigen Stellenwert innerhalb einer jeden Kultur erhalten, dass die Menschen sie nicht missbrauchen und dass der Irrsinn des weltweiten War-On-Drugs bald ein friedvolles Ende findet.

Markus Berger
Bad Wildungen, Solothurn, Basel & Hamburg im Frühjahr 2003

Danksagung

(deren Aufzählungsfolge überhaupt nichts zu sagen hat)

Im Rahmen der Erstellung dieses Büchleins durfte ich auf die Unterstützung, Archive, Ressourcen und Meinungen vieler lieber Menschen bauen.

Mein aufrichtiger und mit tiefer Liebe verbundener Dank gilt Albert Hofmann, meinem Verleger Roger Liggenstorfer, Christian Rätsch und Claudia Müller-Ebeling, Ernesto Blume, Werner Pieper, Jochen Gartz, Wolfgang Bauer sowie meiner Frau Bianca, meinem Sohn Mirko und natürlich meinen lieben Eltern.

Außerdem danke und grüße ich für ihre Freundschaft und Kollegialität Hartwin Rohde von Entheogene Blätter, Jonathan Ott, Sergius Golowin, Mathias Bröckers, Klaudia Kolks und Alex Ochse vom Treibhaus Kassel, Winni Fleckner, Sonja Kohak, Kaya Piechota und das gesamte grow!-Team, die komplette Cañamo-Crew aus Spanien (hi, Almudena, Ernesto and Moiséz!), Mike Barten und die Hanfblatt-Redaktion, Dennis Lindner von Grass Times und Yerba, Werner Graf und das Hanf-Journal-Team, Slava Olchevski und sein Salvia divinorum Magazine, Claus Baldauf und die DrugStore-Redaktion, Willi Blaser und die Swiss Hemp Times, Sven Schendekehl und sein Legalize it!-Magazin, Mark Hoffmann vom Entheos-Mag, Jan Sennema von Soft Secrets/Highlife NL, Die Mädels und Jungs vom TripZine USA, Dieter und Andrea Hagenbach und ihre GaiaMedia-Stiftung, Monika Meyer von der Junkfurter Ballergazette sowie David Aardvaark und K. Trout von The Entheogen Review.

Last BUT NOT least drücke und grüße ich Agnes Tschudin, Jon Hanna, Ulrich Holbein, Hans Cousto, Wolfgang Sterneck, Janine Warmbier, Claude Steiner, Joachim Eul, Howard Marks, Hans-Hinrich Taeger, Bert Marco Schuldes, Frank Fuchs, Edzard Klapp, Tilmann Holzer, Jörg Happe, Raymond Martin, Erwin Bauereiß und Joe Wein, welche meinen verschiedenen Vorhaben der letzten Zeit unterstützenden Aufschwung gewährten. Für die unglaublichen Massen an wertvoller, rarer und wichtiger Literatur, ohne die dieses Buch gar nicht hätte entstehen können, danke ich insbesondere Christian Rätsch.

Seid alle umarmt!

Widmung

Ich widme dieses Büchlein allen wahren Psychonauten dieser Erde – Menschen, denen das Geld noch nicht den Geist verdorben hat, Suchenden, Innenweltreisenden, Friedenschaffern, Aufklärern, insbesondere den Weltveränderern Anita und Albert Hofmann, die durch ihre Arbeit ein Leben wie meines überhaupt erst möglich gemacht haben, Christian Rätsch, der mich (ohne es zu wissen) 1989 erstmals mit seinen Büchern unendlich angeturnt und mir bei der Fertigstellung dieses Buches wie kein anderer geholfen hat, den Psychedelik-Visionären Terence McKenna und Tim Leary (in Memoriam) sowie meinem geliebten Sohn Mirko, der vielleicht – wenn die Rebellion ihn nicht auf andere Wege leitet – meine Arbeit fortführen wird.

Ausschnitt aus dem Gemälde »Xichimilco I« von Christian Rätsch.

Zum Geleit

Der Mythos von der Datura
Ein Huichol-Märchen (Mexiko)

Nur zehn Tage nachdem Kauymali die Sonne gezähmt und die Seuche durch seine Gesänge und Tänze hatte verschwinden lassen, machte ein böser Schamane, Kieli Tewiali, das Volk verrückt, damit es für seine eigenen falschen Gesänge zahle.

Durch das Prasseln des Feuers sagte Tatevali dem Kauymali, dass keine großen Unglücksfälle auf das Volk zukommen würden, solange seine eigenen Gesänge wieder gesungen würden. So hat die Seuche noch einmal die Welt überfallen. Dann hat Kauymali gesungen. Er trug dabei seinen Schamanenhut mit den Rasseln der Klapperschlange. So ist es ihm gelungen, sich der Teaka, einen sehr heiligen Stein, der die Leute krank machte, zu bemächtigen. Die Teaka ist ins Feuer gelegt worden. Die Tiere sind mit Kräutern eingerieben worden, damit sie gereinigt wurden. Das verdorbene Kraut ist dann verbrannt worden.

Obwohl der Datura-Mann die ulu-tuweli gemacht hatte, ließ sich Kauymali nicht erschrecken. Es gelang ihm, diese Pfeile zu nehmen und sie gegen die Tiere und gegen das Korn zu schießen, obwohl der Datura-Mann den vier Richtungen der Erde den Blumenstaub der Datura geschenkt hatte.

Mit einem Zauberlied hat Tatevali dem Kauymali befohlen, dass er den bösen Schamanen, Kieli Tewiali, fange und ihm das Ohr und die große Zehe abschneide, damit er einen Teil seines Blutes haben könnte. Dies war die Strafe, die der Datura-Mann für seine Hexerei erhielt.

Danach hat er dem Kauymali befohlen, dass er den bösen Schamanen festbinde und ihn zum Feuer in den Tempel bringe. Dann befahl er, dass Kauymali den Datura-Mann verbrennen und an einem weit entfernten Ort begraben solle. Als dies geschah, fiel ein Stein, der am Platz seines Herzens war, aus der Brust der verbrannten Leiche des Zauberers heraus. Obwohl die Sonne die mächtigen Götter des Meeres fürchtete, entschloss sie sich, dem Datura-Mann zu helfen. Und dieser versprach der Sonne, dass er ihr in ihrem Kampf gegen die Götter des Regens helfen würde. So hat die Sonne den Datura-Mann wiedererweckt und seine Natur weniger böse gemacht. Sie gab ihm eine rancheria; diese lag in der Nähe des Meeres, dort, wo es fünf Felsen gibt. Dort wuchs die Datura. Der böse Schamane hat ein Stückchen davon genommen, und von diesem Moment an konnte er den Peyote nicht mehr anrühren. Er hat Tänze in der gleichen Art vorbereitet, wie sie noch heute bei den Huichol ausgeführt werden. Danach begann er mit der Ausübung der schwarzen Magie, die von einigen bösen Huichol-Leuten noch ausgeübt wird.

Die großen Götter des Meeres haben dem Datura-Mann ein weibliches Gürteltier geschickt, und es ist seine Frau geworden. Diese war zuvor eine Gottheit des Meeres gewesen, aber die Götter des Meeres haben sie in ein Gürteltier verwandelt, damit sie bei dem Datura-Mann, der eher böse als gut war, leben würde. Das Gürteltier hat das Zuckerrohr der Huichol gegessen. Die ersten Male hat es sie gegessen, um danach die Samen in die vier Richtungen auszustreuen. Es ist ihm auch befohlen worden, dass es die Raupen und Insektenlarven esse. Das Gürteltier hat noch heute diese Angewohnheit.

Mythe der Zuni – Wie die Datura entstand

In alten Zeiten lebten ein Junge und ein Mädchen (der Name des Jungen lautete A'neglakya und der Name des Mädchens war A'neglakyatsi'tsa), Bruder und Schwester, im Inneren der Erde. Aber sie kamen oft auf die Erde und durchwanderten sie. Sie beobachteten alles ganz genau und erzählten ihrer Mutter, was sie gesehen und gehört hatten. Dieses ständige Gerede gefiel den Göttlichen (den Zwillingssöhnen des Sonnenvaters) gar nicht. Als die Göttlichen den Jungen und das Mädchen einmal trafen, fragten sie sie: »Wie geht es euch?«

Bruder und Schwester antworteten: »Wir sind glücklich!« (Manchmal erschienen A'neglakya und A'neglakyatsi'tsa auf der Erde als alte Leute).

Sie erzählten den Göttlichen, wie sie jemanden zum Einschlafen bringen, ihn Geister sehen lassen und jemanden herumwandern lassen können, der sehen kann, wo ein Diebstahl geschehen ist.

Nach diesem Treffen beschlossen die Göttlichen, dass A'neglakya und A'neglakyatsi'tsa zuviel wissen und dass sie von der Welt verbannt werden müssten. So ließen die Göttlichen Bruder und Schwester für immer von der Erde verschwinden. An der Stelle aber, wo sie verschwunden waren, wuchsen Blumen – genau solche Blumen, wie sie sie am Kopf getragen hatten, als sie die Erde besucht haben.

Die Göttlichen nannten die Pflanze nach dem Namen des Jungen A'neglakya. Die erste Pflanze hatte viele Kinder, die sich über die ganze Welt verteilten. Einige Blüten sind gelb gefärbt, einige blau, einige rot, einige sind ganz weiß – die Farben, die zu den vier Himmelsrichtungen gehören.[4]

Der Shipibo-Schamane Guillermo Arévalo bewundert in einem Hamburger Garten die Dreifachblüte von ***Datura metel f. pleniflora***. Er kennt den Stechapfel als halluzinogenen Ayahuasca-Zusatz.

[4] Nach Stevenson 1915, zitiert in Rätsch 1998: 199

Stechapfel (***Datura stramonium*** var. ***tatula***) als Wildpflanze bei Sebastopol, Nordkalifornien, USA 10/96.

Datura stramonium var. ***tatula.***

Familien der Datura und Brugmansia

Datura SPP. – Stechapfel

»Im Stechapfel finden sich (...) Signaturen, die mit den stacheligen Samenkapseln in Beziehung gesetzt werden wollen: Die weißen Blüten deuten eine Wirkung auf Gehirn und Nerven an, die eigentümliche Symmetrie hat etwas Verrücktes in sich, und die anthropomorphe Gestalt der Samenkapsel, die an einen Kopf zwischen erhobenen Armen erinnert, zeigt den mächtigen Pflanzengeist an.«
(RIPPE et al. 2001: 177)[5]

Pflanzen der Gattung Datura gehören zur Familie der Nachtschattengewächse (Solanaceae), Unterfamilie Solanoideae, Tribus Datureae. Datura ist ein einjähriges, selbstfertiles Gewächs. Selbstfertil, also selbstfruchtbar, sind Pflanzen, die zur Fortpflanzung keiner Fremdbestäubung bedürfen, beispielsweise durch ein Insekt, sondern sich in der Blüte selbst befruchten.
Bekannte Arten der Gattung Datura sind:

Datura ceratocaula ORTEGA

Synonyme: ***Datura macrocaulis*** ROTH, ***Apemon crassicaule*** RAF., ***Datura sinuata*** SESSÉ et MOC., ***Ceratocaulis ceratocaula*** ORTEGA, ***Ceratocaulus daturoides*** SPACH.

[5] Beitrag von MARGRET MADEJSKY

Trivialnamen: Tlapatl, Torna Loco (verrückt machende Pflanze)
Verbreitungsgebiet: Zentralmexiko (Estado de México, Oaxaca, Querétaro)
Beschreibung: Diese Datura fällt komplett aus dem Rahmen, der durch ihre Artgenossen bestimmt ist. Datura ceratocaula ist nämlich eine rankende Wasserpflanze mit glatter, seitlich wachsender, dornenloser Frucht. Sie trägt eine weiße Blüte und bildet schwarzen, nierenförmigen Samen aus.

CHRISTIAN RÄTSCH und FRAY BERNARDINO DE SAHAGUN zitieren eine aztekische Beschreibung der ***Datura ceratocaula***, die sich bestens zur Darstellung dieser Pflanze eignet:

»Es ist klein und rund, blau, grünhäutig, breitblättrig. Und es blüht weiß. Seine Frucht ist glatt, sein Samen schwarz, übelriechend. Es fügt einem Schaden zu, nimmt einem den Appetit, macht einen toll, berauscht einen.

Derjenige, der es ißt, wird keine Nahrung mehr wollen, bis er sterben wird. Und wenn er es regelmäßig ißt, wird er auf immer durcheinander sein, toll; er wird immer besessen sein, nie mehr ruhig. Und wo es Gicht gibt, wird es dünn als Salbe aufgetragen, um zu heilen. Noch sollte es geschnupft werden, denn es fügt einem Schaden zu; es nimmt einem den Appetit. Es fügt einem Schaden zu, macht einen wahnsinnig, nimmt einem den Appetit. Ich nehme Tlapatl; ich esse, gehe umher und esse dabei Tlapatl.

So heißt es von dem, der umhergeht und herabsetzt, der überheblich umhergeht, anmaßend, der umhergeht und die Mixitl- und Tlapatl-Kräuter ißt; er geht umher und nimmt Mixitl und Tlapatl zu sich.«[6]

RICHARD EVANS SCHULTES und ALBERT HOFMANN erwähnen die ***Datura ceratocaula*** in »Pflanzen der Götter« ebenfalls:

»In Mexiko existiert eine merkwürdige Datura-Art, die von den anderen so verschieden ist, daß für ihre Klassifizierung innerhalb der Gattung eine eigene Abteilung geschaffen wurde: ***D. ceratocaula***, eine fleischige Pflanze mit dicken, gabelförmigen Stengeln, die in sumpfigem

---

[6] RÄTSCH 1998: 218; SAHAGUN 1989

Boden oder im Wasser wächst. Sie wird Torna Loco (verrücktmachende Pflanze) genannt und hat stark betäubende Eigenschaften.«[7]

Aktive Prinzipien/Wirkstoffe: Es liegen derzeit keine chemischen Analysen dieser Stechapfel-Art vor. SCHULTES et HOFMANN berichten von stark betäubenden Eigenschaften der Pflanze und führen weiter aus:

»Da alle Datura-Arten weitgehend identische chemische Grundstoffe enthalten, gibt es auch in ihrer Wirkung kaum Unterschiede.«[8]

Verwendung: SCHULTES et HOFMANN konnten noch keine moderne Verwendung dieser Datura als Entheogen ausmachen, RÄTSCH hingegen berichtet:

»In Mexiko Stadt sollen ***Datura ceratocaula***-Zubereitungen in gewissen Kreisen als Modedroge eingenommen werden. Auch habe ich gehört, daß Psychiater in Mexiko ihren Patienten Kombinationen von Ketamin und ***Datura ceratocaula*** für psychotherapeutische Zwecke verabreichen.«[9] (siehe hierzu auch Seite 91)

Datura discolor Bernhardi

Synonyme: *Datura thomasii* TORR.

Trivialnamen: A'neglakya, Desert Datura, É"e kamóstim (Serí: Pflanze, die einen schielen lässt), É"e Karóokkoot (Seri: Pflanze, die verrückt macht), Hehe camóstim, Hehecarócot, Heiliger Stechapfel, Heilige Datura, Holy Datura of Zuni, Malykatu (Mohave), Sacred Datura, Sacred thornapple, Thomas' thornapple, Toloache

---

[7] SCHULTES et HOFMANN 1998: 111

[8] SCHULTES ET HOFMANN 1998: 111

[9] RÄTSCH 1998: 218

Verbreitungsgebiet: Nordamerika, Nordmexiko, Westindien

Beschreibung: Einjährige, bodenwachsende und niedrige, verzweigende und buschige Datura mit weißer, innen oftmals violetter, fast aufrecht stehender Stechapfel-typischer Trichterblüte und weichen, gezackten, dunkelgrünen Blättern. Herabhängende, spärlich bestachelte Frucht. ***Datura discolor*** bildet reichlich schwarzen, nierenförmigen Samen aus.

Aktive Prinzipien/Wirkstoffe: 0,13 bis 0,49 Prozent Tropan- und andere Alkaloide. Hauptalkaloid ist mit etwa der Hälfte des Gesamtwirkstoffgehalts das Scopolamin.

Trockenmaterial enthält bis zu 0,08 Prozent Scopolamin bei etwa 0,17 Prozent Alkaloidgehalt.

Weitere Inhaltsstoffe des Krauts sind Apohyoscin, Hyoscyamin, Meteloidin, Norhyoscin, Tropin und c-Tropin. Auch in der trockenen Wurzel konnte bei 0,31 Prozent Gesamtalkaloidgehalt Scopolamin neben Atropin, 3alpha:6beta-Ditigloyloxytropan, 3alpha:6beta-Ditigloyloxytropan-7beta-ol, Littorin, Meteloidin, Norhyoscin, Tropin und c-Tropin nachgewiesen werden. Das Hauptalkaloid der Wurzel ist Cuskohygrin.[10]

Verwendung: Die Serí-Indianer betrachten die seltene ***Datura discolor*** als eine der ersten Pflanzen der Schöpfung. Das Gewächs darf ausschließlich von Schamanen berührt und verwendet werden. Es wird entweder die frische Wurzel gekaut, das Samenmaterial gegessen oder das getrocknete Blattwerk geraucht[11] (siehe auch Seite 91)

Datura ferox Linné

Trivialnamen: Starkbewehrter Stechapfel

Datura ferox gilt als Unterart der ***Datura stramonium*** (***D. stramonium*** L. spp. ferox (L.) Barclay).

---

10 Rätsch 1998: 195

11 Rätsch 1998: 195

Datura innoxia Miller

Synonyme: ***Datura guayaquilensis*** H. B. K., ***Datura hybrida*** Tenore, ***Datura inoxia*** Mill., ***Datura lanosa*** Barcley ex Bye, ***Datura metel*** Dunal non L., ***Datura metel*** Ucria, ***Datura metel* var. *quinquecuspida*** Torr., Daturmeteloides DC. ex Dunal

Trivialnamen: A'neglakya (Zuni), A-neg-la-kia (Mazatekisch), Chamico, Chànikah, Ch'óhojilyééh, Ch'oxojilghéí (Navajo: verrücktmachend), Dekuba (Tarahumara), Devil's weed (Englisch: Teufelskraut), Dhatura (Pakistani), Dhaturo (Nepali), Hehe camóstim (Seri: Pflanze, die Grimassen erzeugt), Hehe carócot (Seri: Pflanze, die verrückt macht), Hierba del diabolo, Hierba hedionda, Hippomanes, Hoozhónee yilbéézh (Navajo: Beautyway-Dekokt), Hyoscyamus de Peru, Indian apple, Jamestown weed, Jimsonweed, Katundami (Pima), Kiéli, Kiéri, Kielitsa (Huichol: schlechte Kieli), Kí-ki-sow-il (Coahuilla), Kusi, Loco weed, Menj (Arabisch/Jemen), Mexikanischer Stechapfel, Moapa, Moip, Nacazcul, Nacazul, Nocuana-patao (Zapotekisch), Nohoch xtóhk'uh (Maya: Große Pflanze in Richtung der Götter), Nongué blanco, Ntígíliitshoh (Navajo: Große Sonnenblume), Ooze apple, Poison lily, Pomum spinosum, Rauchapfel, Rikúi, Rikuri, Sacred Datura, Sape enwoe be (Tewa), Solanum manicum, Stechapfel, Tapate, Tecuyaui (Garigia), Telez.ku, Thorn apple, Tikúwari (Tarahumara), Tlapa, Tohk'u, Toloachi, Tolguacha, Toloa, Toloache, Toloache grande, Toloatzin (geneigter Kopf), Tolochi, Toluache, Toluah (Geneigtes), Uchurí (Tarahumara), U'teaw ko'hanna (Zuni: Weiße Blume), Wichurí, Xtóhk'uh (yucat. Maya: in Richtung der Götter), Xtoku (Maya: in Richtung der Götter), Yerba del diabolo (Spanisch: Teufelskraut)

Verbreitungsgebiet: Griechenland, Guatemala, Indien, Israel, Mexiko, Nordamerika

Beschreibung: Ein- bis mehrjährige (je nach Lage und Vegetation), bis drei Meter hohe Datura mit weißer, meist aufrecht stehender Blüte und gezackten, leicht behaarten Blättern. Herabhängende, bestachelte Frucht. Bildet orangebraunen, nierenförmigen Samen aus.

Aktive Prinzipien/Wirkstoffe: ***Datura innoxia*** enthält wie alle anderen Arten Tropanalkaloide, hauptsächlich Scopolamin als dominierendes Alkaloid und Hyoscyamin. Die Blüte enthält größtenteils Tyramin, der Stiel Meteloidin. In der Wurzel finden sich nach einer Analyse von Ionkova et al.[12] Cuskohygrin, Hyoscyamin, 3-Hydroxy-6-tigloyloxytropan, 6-Hydroxyhyoscyamin, 3-Tigloyloxytropan, 6-Tigloyloxyhyoscyamin, Tropin und Scopolamin (Hauptalkaloid).

Evans et Wellendorf[13] publizierten die Ergebnisse ihrer Wurzel-Analyse folgendermaßen: Atropin (Hauptalkaloid), Pseudotropin, Tigloidin, 7-Hydroxy-3:6-ditigloyloxytropan, 3alpha:6beta-Ditigloyloxytropan, Hyoscin und Meteloidin.

Die Samen enthalten 0,3 Prozent Alkaloide, davon 0,21 Prozent Hyoscyamin und 0,09 Prozent Scopolamin. Im Blattwerk konnten außerdem phenolische Verbindungen (Kaffee- und Cumarsäureester) nachgewiesen werden.[14]

Verwendung: Getrocknete Blüten und/oder Blätter werden allein oder mit anderen Ingredienzien vermischt geraucht. Wurzel, Samen oder Blätter können auch als Zutat für alkoholische Getränke (Pflanzenauszug, Chicha, Pulque ...) oder eine psychoaktive Salbe Verwendung finden. Die Wurzel kann ausgekaut, aus den Blüten oder Blättern ein Aufguss bereitet werden. Dosierungsangaben sind derzeit nicht publiziert.

---

12 Ionkova et al. 1989; wiedergegeben in Rätsch 1998: 200

13 Evans et Wellendorf 1959; wiedergegeben in Rätsch 1998: 200

14 Rätsch 1998: 200

Datura kymatocarpa A. S. Barclay

Verbreitungsgebiet: Mexiko (tropisches Río Balsa-Tal)
Beschreibung: Mehrjährige, bis drei Meter hohe Datura mit weißer, fast aufrecht stehender Blüte und gezackten, leicht behaarten Blättern. Herabhängende, bestachelte und behaarte Frucht. Orangefarbener bis hellbrauner, nierenförmiger Samen.
Die »Enzyklopädie der psychoaktiven Pflanzen« lässt an der Authentizität dieser Art Zweifel aufkommen. Rätsch vermutet, ***Datura kymatocarpa*** könne eine Varietät der ***Datura innoxia*** sein.
Aktive Prinzipien/Wirkstoffe: Es liegen derzeit keine chemischen Analysen zu dieser Art vor. ***Datura kymatocarpa*** wird – wie jeder Stechapfel – Tropanalkaloide enthalten.
Verwendung: Über eine ethnobotanische Nutzung der ***Datura kymatocarpa*** ist nichts bekannt.

Datura lanosa A. S. Barclay ex. Bye

Synonyme: ***Datura innoxia*** spp. lanosa
Trivialnamen: Rikuri, Rikúi
Verbreitungsgebiet: Nordmexiko
Beschreibung: Siehe ***Datura innoxia***. Rätsch legt wie schon bei ***Datura kymatocarpa*** die Vermutung nahe, dass die 1986 von Robert A. Bye beschriebene ***Datura lanosa*** eine (lokale) Varietät von ***D. innoxia*** sein könne.
Aktive Prinzipien/Wirkstoffe: Es liegen derzeit keine chemischen Analysen zu dieser Art vor (siehe ***Datura kymatocarpa***).
Verwendung: ***Datura lanosa*** wird vermutlich von den Tarahumara im gleichen Kontext wie Toloache (***Datura innoxia***) gebraucht. Derzeit sind keine weiteren Angaben verfügbar.

Datura leichhardtii F. MUELL. ex BENTHAM

Synonyme: *Datura pruinosa* GREENMAN
Trivialnamen: Australischer Stechapfel, Leichhardts Stechapfel, Killer of sheep
Verbreitungsgebiet: Australien, vereinzelt auch Mexiko, Guatemala
Beschreibung: 1 bis 1,50 Meter hohe Datura mit weißer, aufrecht stehender Blüte und gezackten Blättern. Runde, herabhängende und bestachelte Frucht. Im Ganzen der ***Datura stramonium*** ähnlich. Schwarzer, nierenförmiger Samen.
Aktive Prinzipien/Wirkstoffe: Etwa 0,15 Prozent Alkaloidgehalt in der trockenen Pflanze. Atropin (Hauptalkaloid), Apoatropin, Apohyoscin, Littorin, Noratropin, Norhyoscin, Meteloidin, Scopolamin, 3alpha-Tigloyloxytropan, Tigloidin, Tropine und andere.
Verwendung: *Datura leichhardtii* wird in Australien als Pituri[15] (***Duboisia hopwoodi,*** F. v. MUELLER) gebraucht. Derzeit sind keine weiteren Angaben verfügbar.

Datura metel LINNÉ

Synonyme: ***Brugmansia waymannii*** PAXTON, ***Datura alba*** NEES (weiße Blüte), ***Datura alba*** EISENB., ***Datura bojeri*** RAFF.-DEL., ***Datura cathaginensis*** HORT. ex SIEBERT et VOSS, ***Datura chlorantha*** HOOK., ***Datura cornucopaea*** HORT. ex W.W., ***Datura dubia*** PERS., ***Datura fastuosa*** L. (und Va-

[15] unter dem Begriff »Pituri« versteht man im weitesten Sinne Mischungen verschiedener psychoaktiver Pflanzen, welche von den australischen Ureinwohnern, den Aborigines, zu rituellen Zwecken oder als Genussmittel gekaut werden. Die Verwendung der Datura leichhardtii als Pituri-Substitut bezieht sich aber auf das Nachtschattengewächs ***Duboisia hopwoodi***, das auch unter dem Namen Pituri-Strauch bekannt ist.

rietäten; gelbe oder purpurne Blüte), ***Datura huberiana*** HORT., ***Datura humilis*** DESFON., ***Datura hummatu*** BERNH., ***Datura indica nom nud.***, ***Datura muricata*** BERNH., ***Datura nigra*** RUMPH. in HASSKARL., ***Datura nilhummatu*** DUNAL, ***Datura pubescens*** ROQUES, ***Datura timoriensis*** ZIPP. ex SPANOGHE, ***Stramonium fastuosa*** (L.) MOENCH.

Trivialnamen: Arhi-aba-misang, Bunjdeshtee (Persisch), Chosen-asagau (japanisch: Koreanische Morgenschönheit), Da dhu ra (Tibetisch), datula, Datur-a (Mongolisch), datura (Sanskrit), Datura engletrompet (Dänisch), Datura indica, Datura kachubong, Devil's Trumpet Flower of Ceylon, Dhatra (Santali), Dhattura (Sanskrit), Dhatur-ma, Dhatura (Sanskrit: verschiedenartig), Dhaturo, Dhétoora (Hindi), Dhustura, Dhutro (Bengalisch), Dhutura (Bengalisch), Dootura, Dornäpfel, Dotter (Holländisch), Doutro, Doutry, Dutra, Dutro, Dutro banguini, Dutroa, Engelstrompete, Engletrompet, Ganga bang, Gelber Stechapfel, Goozgiah (Persisch), Hearbe dutroa, Hindu Datura, Hummatoo, Indischer Stechapfel, Insane Herb, Jous-mathel (Arabisch), Jowz massel, Kachubong (Philippinen), Kala dahtoora, Kala dhutura (Hindi: Schwarze Datura), Kalu antenna, Kalu attana, Karoo omatay (Tamil), Kechu-booh (Ägyptisch), Kechubong, Kechubong hitam (schwarze datura), Kechubong puteh (weiße Datura), Kechubung (Malaiisch), Kecubong (Bali), Keppate jad, Krishna dhaturra, Man-t'o-lo (Chinesisch), Menj (Arabisch/Jemen), Metelapfel, Metelnuß, Mnanaha (Swahili), Mondzo (Tsonga), Nao-yang-hua (Chinesisch), Neura, Neurada, Nongué morado, Nucem metellam arabum, Nulla oomantie, Nux metel, Nux-methal, Paracoculi, Pigaeble, Rauchapfel, rauchöpfel, Rotecubung, Shanch'ieh-erh (Chinesisch), Shiva's Plant, Stechöpfel, Stramonia, Talamponay, Takbibug, Tatorah (Arabisch), Thang-phrom dkar-po (Tibetisch), Thorn apple, Umana, Unmata (Sanskrit: Göttlicher Rausch), Unmatta, Unmeta, Violettblaue Engelstrompete, Violettblauer Stechapfel

Verbreitungsgebiet: Afrika, Karibik, Mittelamerika, Nordindien, Südost-Asien, Südamerika

Beschreibung: Ein- bis zweijährige, bis über zwei Meter hohe, buschige Datura mit weißer, violetter oder gelber, fast aufrecht stehender Blüte und wenig gezackten, hellgrünen und weichen Blättern. ***Datura***

metel trägt eine oftmals schräg aufrecht stehende, zart bestachelte Frucht (Metelapfel) und bildet nierenförmigen, gelblich-braunen bis ockerfarbenen Samen aus.

Aktive Prinzipien/Wirkstoffe: Diese potenteste aller Stechapfel-Arten enthält neben seinem Hauptalkaloid Scopolamin hauptsächlich die Verbindungen Atropin, Datumetin, Hyoscyamin, Hydroxy-6-hyoscyamin, Meteloidin, Norscopolamin und Norhyoscyamin. Datura metel beherbergt interessanterweise die Withanolide Daturilin, Daturilinol, mehrere Daturameteline sowie Withametelin und Secowithametelin. Nach Ulrike Lindequist enthalten die Blätter 0,5 Prozent, die Blüten 0,1 bis 0,8 Prozent, die Früchte 0,12 Prozent, die Wurzeln 0,1 bis 0,2 Prozent und die Samen 0,2 bis 0,5 Prozent Alkaloide.[16]

Verwendung: Blätter und Samen können alkoholischen Getränken wie Wein oder Schnaps beigegeben werden, um diese in der Rauschwirkung zu verstärken. Die Samen werden auch als Beimischung zu den berühmten Betelbissen benutzt und können allein für sich oder in Kombination mit anderen psychoaktiven Pflanzen(-teilen) geräuchert werden. Trockene Blätter oder Blüten können als Zutat von Rauchmischungen verwendet werden.

Datura pruinosa Greenman

Trivialnamen: Bereifter Stechapfel

Verbreitungsgebiet: Mexiko (Oaxaca) in Höhenlagen zwischen 550 und 1.550 Metern

Beschreibung: 1 bis 1,50 Meter hohe Datura mit weißer, aufrecht stehender Blüte und gezackten, leicht behaarten Blättern. Runde, herabhängende und bestachelte Frucht. Schwarzer, nierenförmiger Samen.

Anmerkung: *Datura pruinosa* stellt vermutlich eine Varietät von *D. leichhardtii* dar.

Aktive Prinzipien/Wirkstoffe: 0,16 Prozent Alkaloidgehalt in der

[16] Lindequist 1992: 1142; wiedergegeben in Rätsch 1998: 207

trockenen Pflanze. Atropin (Hauptalkaloid), Apoatropin, Apohyoscin, Littorin, Noratropin, Norhyoscin, Meteloidin, Scopolamin, 3alpha-Tigloyloxytropan, Tigloidin und Tropine.[17]
Verwendung: Derzeit keine Angaben verfügbar.

Datura quercifolia H.B.K.

Synonyme: *Datura stramonium* spp. quercifolia (H. B. K.) BYE
Trivialnamen: Eichenblättriger Stechapfel, eventuell Tlapatl
Verbreitungsgebiet: Texas, Arizona, Nordmexiko
Beschreibung: Einjährige, etwa ein Meter hohe Datura mit weißer, aufrecht stehender Blüte und eichenblattartigen, gezackten Blättern. Eiförmige, aufrecht stehende und bestachelte Frucht. Bildet nierenförmigen, dunkelbraunen bis schwarzen Samen aus.
Anmerkung: *Datura pruinosa* stellt vermutlich eine Varietät von *D. stramonium* dar.
Aktive Prinzipien/Wirkstoffe: Siehe *Datura stramonium*.
Verwendung: Die im nördlichen Mexiko lebenden Pima »rösten die toloache genannten Früchte, zermahlen und vermischen sie mit Fett zu einer Salbe, die auf offene Wunden aufgetragen wird. Die Früchte werden zusammen mit den Blättern einer coronilla oder kokovuri genannten Physalis sp. zu einem Dekokt gegen Husten gekocht« (PENNINGTON 1973: 228*)[18].

[17] Vgl. SYMON et HAEGI 1991
[18] RÄTSCH 1998: 217 (Vgl. PENNINGTON 1973)

Datura reburra A. S. Barclay

Verbreitungsgebiet: Mexiko (Sinaloa)
Beschreibung: Einjährige, bodenwachsende Datura mit weißer, fast aufrecht stehender Blüte und gezackten Blättern. Herabhängende, lang bestachelte Frucht. Ist der ***Datura discolor*** sehr ähnlich. Schwarzer, nierenförmiger Samen.
Anmerkung: ***Datura pruinosa*** stellt vermutlich eine Varietät von ***D. discolor*** dar.
Aktive Prinzipien/Wirkstoffe: Es liegen derzeit keine chemischen Analysen zu dieser Art vor (siehe ***Datura kymatocarpa,*** Seite 29).
Verwendung: Derzeit sind keine Angaben verfügbar.

Datura stramonium Linné

Foto: Markus Berger

Synonyme: ***Datura bernhardii*** Lundström, ***Datura bertolonii*** Parl. ex Guss., ***Datura capensis*** Hort. ex Bernhardi, ***Datura ferox*** L., ***Datura inermis*** Jacq., ***Datura laevis*** L. f., ***Datura loricata*** Sieber, ***Datura lurida*** Salisb., ***Datura parviflora*** Salisb., ***Datura peregrinum, Datura pseudo-stramonium*** Sieber, ***Datura quercifolia*** H.B.K., ***Stramonium spinosum*** Lam., ***Datura tatula*** L., ***Datura villosa*** Fernarld, ***Datura wallichii*** Dunal, ***Stramonium ferox*** Boccone, ***Stramonium foetidum*** Scopoli, ***Stramonium spinosum*** Lam., ***Stramonium vulgare*** Moench., ***Stramonium vulgatum*** Gaertner
Trivialnamen: Ama:ymustak, Ama:y'uhc (Mixe: gefährliche Pflanze), Ana panku (Quetschua), Apple of Peru, Arhi-aba, Asthmakraut, Atafaris, Attana, Azacapan-yxhuatlazol-patli (Nahuatl), Chamaka, Chamico (Quet-

schua), Chasse-taupe, Chililiceno tapat (scherzhaft für tlapatl), Cojón del diablo, Concombre à chien, Concombre zombie (Karibik: Zombiegurke), Devil's apple, Devil's trumpet, Dhatura, Donnerkugel, Doornappel (Holländisch), Dornapfel, Dornkraut, Dutry, El-rita (Marokkanisch), Endormeuse, Estramonio, Feng-ch'ieh-erh (Chinesisch), Gemeiner Stechapfel, Héhe caroocot (Seri: Pflanze, die verrückt macht), Herbe aux sorciers (Französich: Zauberkraut), Herbe de taupes, Hierba inca (Inkakraut), Hierba del diablo (Kraut des Teufels), Hierba hedionda (stinkendes Kraut), Higuera loca (verrückte Feige), Igelkolben, Ix telez ku, Jamestown weed, Jimson weed, Jimsonweed, Jouj macel (Arabisch), Khishqa khishqa (Quetschua: sehr dornig), Kieli-sa (Huichol: schlechte kieli), Kratzkraut, Manzana del diablo (Apfel des teufels), Manzana espinosa (stacheliger Apfel), Matul (Tzeltal), Mehen xtohk'u'u (Maya: kleine Pflanze in Richtung der Götter), Menj (Arabisch/Jemen), Mezerbae, Mezzettoni, Miaia, Miaya (Mapuche), Mixitl, Miyaya, Moshobaton tahui (Shipibo), Muranha (Suaheli), Niungué, Noce puzza, Noce spinosa, Nongué, Nongué morada, Papa espinosa (Spanisch: stachelige Kartoffel), Parbutteeya, Patula (Türkisch), Patura, Pomme de diable, pomme épineuse, Rurutillo, Santos noches, Schlafkraut, Schwarzkümmel, Semilla de la virgen (Samen der Jungfrau), Shinah azqhi, Simpson Weed, Stachelnüß, Stachelnuß, Stechapfel, Stink weed, Stramoine, Stramoine commune, Stramonio, Stramonio commune, Stramonium, taac-amai'ujts (Mixe), Ta:g'amih (Mixe: Großmutter), tatula (Persisch: stechen), Tc'óxwotjilyáih (Navajo), Teufelsapfel, Thanab (Huastekisch), Thanab thakni' (weiße Thanab), Thang-phrom dkarpo (Tibetisch), Thorn apple, Tohk'u (Maya: Richtung der Götter), Tollkraut, Toloache, Tonco-onco, Torescua (Taraskisch), Tukhm-tatura (Persisch), tzitzintlapatl (Aztekisch: stacheliges Tlapatl), Weißer Stechapfel, Wysoccan, Xholo (Zapotekisch), Yacu toé, Yoshu chosen asago (Japanisch: fremde Morgenblüte), Zigeunerapfel

Verbreitungsgebiet: Amerika, Himalaya, Nordafrika, Mitteleuropa (auch Deutschland), Orient, Südeuropa

Beschreibung: Einjährige, bis über einen Meter hohe Datura mit weißer, je nach Varietät auch lilafarbiger aufrecht stehender, fünfzipfeliger Blüte und gezackten Blättern. Eiförmige, aufrecht stehen-

de und bestachelte Frucht. Bildet schwarzen, nierenförmigen Samen aus.
Scopolamin und Hyoscyamin (Hauptalkaloide), Apoatropin, Belladonin, Hyoscyamin-N-Oxyd, Tropin und viele andere. In der gesamten Pflanze finden sich Tropanalkaloide in schwankender Konzentration. Blätter enthalten zwischen 0,25 und 0,5 Prozent, das Wurzelwerk 0,18 bis 0,22 Prozent Alkaloid. In der Blüte konnten bis zu 0,61 Prozent, in den Samen bis zu 0,66 Prozent Alkaloid nachgewiesen werden. In der Trockenmasse der Blätter und Samen finden sich 0,1 bis 0,6 Prozent Alkaloid.
Verwendung: Blätter, Blüten oder die zerstoßenen Samen werden im getrockneten Zustand geraucht oder frisch gegessen. Aus dem Kraut lässt sich eine Salbe herstellen. Bis zu vierzig Samen werden geräuchert. Auskauen der frischen Wurzel, Aufguss oder alkoholischer Auszug aus Blättern beziehungsweise Blüten.

Datura villosa FERNALD

Synonyme: *Datura stramonium* var. villosa (FERN.) SAFF.
Trivialnamen: Zottiger Stechapfel
Verbreitungsgebiet: Mexiko (Jalisco, San Luis Potosí)
Beschreibung: Etwa ein Meter hohe Datura mit weißer, aufrecht stehender Blüte und gezackten Blättern. Eiförmige, aufrecht stehende und bestachelte Frucht. Schwarzer, nierenförmiger Samen.
Anmerkung: *Datura villosa* ist vermutlich mit *D. stramonium* identisch.
Aktive Prinzipien/Wirkstoffe: Es liegen derzeit keine chemischen Analysen zu dieser Art vor (siehe auch *Datura kymatocarpa*, Seite 29).
Verwendung: Derzeit sind keine Angaben verfügbar.

Datura velutinosa FUENTES

Trivialnamen: Samtiger Stechapfel
Verbreitungsgebiet: Kuba
Beschreibung: Mehrjährige, bis drei Meter hohe Datura mit weißer, fast aufrecht stehender Blüte und gezackten, leicht behaarten Blättern. Herabhängende, bestachelte Frucht.
Anmerkung: *Datura velutinosa* ist vermutlich mit *D. innoxia* identisch.
Aktive Prinzipien/Wirkstoffe: Es liegen derzeit keine chemischen Analysen zu dieser Art vor (siehe *Datura kymatocarpa*, Seite 29).
Verwendung: Derzeit sind keine Angaben verfügbar.

Datura wrightii REGEL

Synonyme: *Datura metel* var.[?] *quinquecuspida* TORR., *Datura meteloides* DUNAL in DC., *Datura wrightii* BYE, *Datura wrightii* HORT.
Trivialnamen: Kalifornischer Stechapfel, Kiksawel (Coahuilla), Kusi (Diegueno), Malkapit, Manai (Yokutisch), Manet, Manit (Gabrielino), Manitc (Serrano), Mánoyu (Miwok), Mo'moy, Momoy (Chumash), Monayu (Miwok), Nakta mush (Luiseno), Nactanuuc (Cupeno), Smalikapita (Yuma), Tanabi, Tanábi (Mono), Tanai, Tánai, Tana'nib (Mono), Thornapple, Toloache, Wright's Datura, Wrights Stechapfel
Verbreitungsgebiet: südliches Kalifornien
Beschreibung: Mehrjährige, bodenwachsende, ein bis zwei (seltener bis drei) Meter hohe Datura mit weißer, fast aufrecht stehender Blüte und gezackten, leicht behaarten Blättern. Herabhängende, dünne, aber lang bestachelte Frucht. Insgesamt der *Datura innoxia* sehr ähnlich.

Bildet nierenförmigen, orangebraunen Samen aus.
Aktive Prinzipien/Wirkstoffe: Siehe *Datura innoxia*.
Verwendung: Blätter, Blüten und Samen können geraucht oder geräuchert werden. Aus den Früchten und/oder Samen wird ein alkoholisches Getränk oder ein wässriger Auszug aus der gemahlenen Wurzel bereitet.

Brugmansia SPP. – Engelstrompete

»Die Pflanze ist ein besonders starker Lehrer, eine Schamanenpflanze, kein Spielzeug! Damit darf man nicht spaßen! (...) Engelstrompeten sind die stärksten Halluzinogene, die das Pflanzenreich zu bieten hat.«
(Müller-Ebeling et al. 2001: 178)
Pflanzen der Gattung Brugmansia gehören zur Familie der Nachtschattengewächse (Solanaceae), Unterfamilie Solanoideae, Tribus Datureae, Sektion Brugmansia. Brugmansia ist ein mehrjähriges und (mit Ausnahme von ***B. arborea***) selbststeriles Gewächs. Selbststeril, also nicht selbst fruchtbar, sind Pflanzen, die zur Fortpflanzung einer Fremdbestäubung bedürfen, sich also in der Blüte nicht selbst befruchten können.
Artenübegrreifende Besonderheiten: Die verschiedenen Arten haben jeweils Unterarten oder Formen. So gibt es beispielsweise eine weiß und eine rot blühende Form der ***Brugmansia aurea***. Engelstrompeten bilden selten Früchte aus.
Die bekannten Arten sind:

Brugmansia arborea (Linné) Lagerheim

Synonyme: *Datura arborea* L., *Datura arborea* Ruiz et Pav., *Datura cornigera* Hook., *Brugmansia candida* Pers. *sensu latu*
Trivialnamen: Almizclillo, Baumdatura, Baumstechapfel, Borrachera (Trunkenmacher), Campachu, Campanilla, Chamico, Cimora, Cojones del diablo, Engelstrompetenbaum, Floripondio, Großer Stechapfel, Guarguar, Hierba de los companones, Huántac (Zaparo-Quicha), Huanto, Huánto (Quijo), Huántuc (quetscha), Huarhuar, Isshiona (Zaporo), Kecubong (Bali), Maícoma, Mai ko, mai ko' mo, Mataperro (Spanisch: Hundetöter), Misha huarhuar, Misha rastrera blanca, Qotu (Quetscha), Saharo, Tecomaxochitl (Nahuatl), Toé, Tree Stramonium, Trombeteiro (Brasilien)
Verbreitungsgebiet: Ecuador, Bolivien, Chile, Peru
Beschreibung: Mehrjährige, baumartige, bis fünf Meter hohe Brugmansia mit weißer, herabhängender Blüte und ovalen Blättern. Glatte Frucht, brauner Samen.
Brugmansia arborea ist die einzige selbstfruchtbare Engelstrompete.
Aktive Prinzipien/Wirkstoffe: Wie die Datura-Arten, enthalten auch die Engelstrompeten Tropanalkaloide. In *Brugmansia arborea* konnten die Alkaloide Atropin, Hyoscyamin und Scopolamin (als Hauptalkaloid) in folgenden Konzentrationen nachgewiesen werden: in den Blättern 0,2 bis 0,4 Prozent, im Stiel 0,16 Prozent. Hauptalkaloid der Samen ist Hyoscyamin. In der Wurzel finden sich außerdem (-)-3,6-Ditigloyloxytropan, 7-Hydroxy-3,6-Ditigloyloxytropan, Tropin sowie Pseudotropin. Des Weiteren enthält *B. arborea* in der gesamten Pflanze Cumarine und Scopoletin.[19]

---

[19] Lindequist 1992: 1140; wiedergegeben in Rätsch 1998: 95

Verwendung: Ein bis vier Blätter beziehungsweise eine Blüte der *Brugmansia arborea* werden ausgekocht oder es wird ein Kaltwasserauszug bereitet. Es können auch die getrockneten Blätter oder Blüten allein oder in Kombination mit anderen psychoaktiven Gewächsen geraucht werden. Samen und Blätter werden in Peru dem Chicha- beziehungsweise dem Cimora-Trank zugegeben.

Brugmansia aurea
LAGERHEIM

Synonyme: *Datura aurea* (LAGERH.) SAFF.
Trivialnamen: Borrachero, Floripondio, Gelbe Baumdatura, Goldene Baumdatura, Goldene Engelstrompete, Guantu, Huandauj, Kiéri (Huichol), Kiéri-nánari (Wurzel der Kieri), Golden tree datura, Yellow tree datura
Verbreitungsgebiet: Ecuador, Kolumbien, Mexiko
Beschreibung: Mehrjährige, baumartige Brugmansia mit gelber oder weißer, herabhängender großer Blüte und ovalen, am Rand glatten Blättern.
Aktive Prinzipien/Wirkstoffe: Tropanalkaloide, bei einem Gesamtalkaloidgehalt von 0,9 Prozent. Hauptalkaloid ist Scopolamin, weiterhin finden sich Atropin, Apoatropin, Apohyoscin, Hyoscyamin, Norhyoscyamin, Noratropin, 6beta-Hydroxyhyoscyamin, 3alpha-Tigloyloxytropan-6beta-ol, Tigloidin, 6beta-Acetoxy-3alpha-Tigloyloxytropan und Tropan-3alpha-ol.[20]

20 PLOWMAN 1981: 440; EL IMAM et EVANS 1990: 149

Verwendung: Der Stängelsaft oder das Mark (von zirka fünf Zentimeter Stängel) dieser Brugmansia wird ausgequetscht und mit Wasser eingenommen. Es werden auch die getrockneten Blätter, Blüten und Samen geraucht (siehe ***Brugmansia arborea,*** Seite 40).

Brugmansia x candida PERSOON

Synonyme: ***Datura affinis*** SAFF., ***Datura arborea*** RUÍZ et PAV. non L., ***Datura aurea x Datura versicolor, Datura candida*** (PERS.) SAFF., ***Datura x candida*** (PERS.) SAFF., ***Datura pittieri*** SAFF., ***Brugmansia candida*** PERS., ***Methysticodendron amesianum*** SCHULTES

Trivialnamen: Almizclillo, Amarón, Andaqui, Biangán, Biangán borrachera, Borachero, Borrachera, Borrachera de agua, Borrachero (Spanisch: Rauschmittel oder Trunkenmacher), Borracherushe, Buyés, Buyés borrachera, Buyés borracherushe, Cacao sabanero, Cambanda, Campana (Spanisch: Glocke), Campanilla (Glöckchen), Cari, Chamico, Chontaruco, Chontaruko borrachera, Cimora, Cucu, Culebra, Culebraborrachero (Rauschmittel der Schlange), Danta (Tapir), Danta borrachera, Flor de campana (Spanisch: Glockenblume), Floripondio, Floripondio blanco, Goon'-ssi-an borrachero (Kamsá), Guamuco blanco, Guamuco floripondio, Huama, Kampaana wits (Huastekisch: Glocke des Berges), Kampachu (Quetscha), Kampána nichim (Tzeltal: Glockenblume), Kinde-borrachero (Inga), Lengua de tigre (Zunge des Jaguars), Lipa-ca-tu-ue (Chontal), Maikoa, Metskwai borrachero (Masá: Jaguar-Rauschmittel), Misha, Mitskway-borrachero, Munchira, Mutscuai, Ngunsiana, Nitkwai boracero (Kamsá), Nitwaí-boracero (Inga), Palpanichium, Po:bpihy (Mixe), Queen of the night, Quinchora borrachera, Quinde, Quinde borrachero, Reinweißer Stechapfel, Salamán, Salamanga, Salvanje, Sta. Maria wits (Huastekisch: Die Blume der Heiligen Maria), Tecomaxochit (Náhuatl), Trombita (Spanisch: Posaunchen), Ts'ak tsimin (Lakandon: Pferdemedizin), Tu:tkhiks (Mixe), Weiße Engelstrompete

Verbreitungsgebiet: Ecuador, Kolumbien, Mexiko

Beschreibung: Mehrjährige, baumartige, bis acht Meter hohe Brugmansia mit weißer oder pfirsichfarbener, herabhängender Blüte und ovalen Blättern. Glatte, oval-spitze Frucht.

Aktive Prinzipien/Wirkstoffe: Tropanalkaloide mit dem Hauptalkaloid Scopolamin, Meteloidin, Hyoscyamin. In den verschiedenen Formen der ***Brugmansia x candida*** wurden vielerlei Inhaltsstoffe nachgewiesen, unter anderem Atropin, Norhyoscyamin, Noratropin, 6beta-Acetoxy-3alpha-Tigloyloxytropan, Tigloidin, 6beta-Tigloyloxytropan-3alpha-ol, 3alpha-Tigloyloxytropan-6beta-ol, 6beta-Hydroxyhyoscyamin und Tropan-3alpha-ol.[21]

Verwendung: In Kolumbien wird traditionell ein Kaltwasserauszug der Blätter getrunken, welcher zumeist nach Blattpaaren dosiert wird. Prinzipiell kann auch ein Alkoholauszug der Blätter und Blüten hergestellt werden. In Nordperu bereiten Curanderos und Curanderas ein divinatorisches Dekokt aus den Blättern dieser Brugmansia. Wie bei allen anderen Engelstrompeten- und Stechapfel-Arten kann das getrocknete Kraut geraucht werden.

---

21 El Imam et Evans 1990: 149

Brugmansia x insignis
(Barbosa Rodrigues)
Lockw. ex Schultes

Synonyme: *Datura insignis* Barb Rodr. in Vellosia, *Datura x insignis* Barb. Rodr., *Datura suaveolens x Datura versicolor*
Trivialnamen: Ain, Ain-va-i (Kofán), Angel's trumpet, Danta borrachera, Floripondio, Guando, Huanduj, hayapa, Jayapa, Ku-a-va-u, Ku-wá-oo (Inga: Rosa Engelstrompete), Maricaua, Muhu-pehí, Pehí (Secoya), Pimpinella borrachera, Prächtige Engelstrompete, Saaro (Matsigenka), Sacha-toé, Toa-toé, Tree-Datura, Ts'ak tsimin (Lakandon: Tapirmedizin), Wandú (Quetscha), Xayápa (Mashco)
Verbreitungsgebiet: Südamerika, Mexiko
Beschreibung: Mehrjährige, baumartige, bis über fünf Meter hohe Brugmansia mit gelber oder gelb-roter, herabhängender Blüte und ovalen Blättern. Bildet so gut wie nie Früchte aus.
Aktive Prinzipien/Wirkstoffe: Atropin, Scopolamin, Hyoscyamin. Die Rinde dieser Brugmansia enthält verhältnismäßig viele Alkaloide.
Verwendung: Aus den Blättern (unter anderem bei den Kofán) und der Stängelrinde (bei den Mashco der Huachipaire und Secoya) der *Brugmansia x insignis* werden traditionell hauptsächlich Aufgüsse oder Absude hergestellt. Bei den Huachipaire bereitet man aus dem fertigen Elixier unter anderem Klistiers. Außerdem wird diese Brugmansia von den Secoya und Siona als Ayahuasca-Additiv verwendet (siehe Abschnitt »Exkurs: Brugmansia und Ayahuasca«, Seite 124 ff.).

Brugmansia sanguinea
(RUÍZ et PAVÓN) D. DON

Synonyme: *Brugmansia bicolor* PERS., *Brugmansia lutea* HORT ex. GARDENERS, *Brugmansia vulcanicola* (BARCLAY) LOCKWOOD, *Brugmansia rosei* SAFF., *Datura rosei* SAFF., *Datura sanguinea* RUÍZ et PAVÓN, *Datura vulcanicola* BARCLAY

Trivialnamen: Belladonna tree, Blutfarbene Engelstrompete, Blutrote Engelstrompete, Blutroter Stechapfel, Borrachero rojo, Bovachero, Campanilla encarnada, Chamico, El guantug (Ecuador), Floripondio, Floripondio boliviano, Floripondio encarnado, Guamuco (Kams, Inga), Guamucu borrachera (Inga), Guamuco floripondio, Guando, Guantug, Guántug, Huaca (Quecha: Grab), Huacacachu, Huántug, Humoco, Koo-wá-oo, Misha colorada, Misha curandera, Misha huarhuar, Misha rastrera, Perecillo, Poroporo, Puca campancho (Quetscha: Rote Brugmansia), Puca-campanilla, Qotu (Quetscha), Tonca, Tonga, Yerba de Huaca

Verbreitungsgebiet: Bolivien, Chile, Ecuador, Kolumbien, Peru

Beschreibung: Mehrjährige, baumartige, zwei bis fünf Meter hohe Brugmansia mit grün-gelb-roter, grün-roter, gelb-roter oder gelber, herabhängender Blüte und behaarten, gezackten Blättern. Oval-spitze, glatte Frucht. *B. sanguinea* bildet am ehesten Früchte aus.

Aktive Prinzipien/Wirkstoffe: Atropin als Hauptalkaloid der Blüte (Spuren von Scopolamin), in den Samen Scopolamin (78 Prozent von 0,17 Prozent Gesamtalkaloidvorkommen) sowie Apohyoscin, Hyoscyamin, Cholin, Tropin, Pseudotropin und zwei bislang nicht bekannte Alkaloide. In den Wurzeln findet sich der höchste Alkaloidgehalt außerdem Littorin (0,08 Prozent). Wahrscheinlich ist die Unterform *Brugmansia sanguinea ssp. vulcanicola* die vom Wirkstoffgehalt mächtig-

ste Engelstrompete. Sie enthält 0,83 Prozent Scopolamin/Atropin in den Blüten, 0,74 Prozent in den Früchten und 0,4 Prozent in den Blättern.
Verwendung: Das Samenmaterial dieser Brugmansia wird als Beimischung zu Cimora und Chicha (siehe Kapitel 4.5) verwendet oder es wird aus den Früchten und Samen ein Dekokt (tonga; siehe gleiches Kapitel) bereitet. Nordperuanische Curanderos und Curanderas geben ihrem Trichocereus-Trank Blüten und Blätter dieser Engelstrompete zu. Das getrocknete Kraut wird geraucht und ist Ingredienz südamerikanischer Asthmazigaretten, wie auch in Europa bis vor einiger Zeit Datura stramonium-Zigaretten gegen asthmatische Erkrankungen verkauft wurden.
Besonderheit: In Peru werden aus den Stämmen dieser Brugmansia Zauberstäbe hergestellt.

Brugmansia suaveolens (H.B.K.) Berchtold et Presl

Foto: Christian Rätsch

Synonyme: *Datura gardneri* Hooker, *Datura suaveolens* Humb. et Bonpl. ex Willd.
Trivialnamen: Ain-va-i (Kofán), Almizclillo, Angel's trumpet, Baikua, Bikut, Borrachero, Campana, Canachiari (Shipibo), Chinki tukutai maikiua (Achuar: Engelstrompete zum Blasen auf kleine Vögel), Datura d'Egitti, Datura d'Egypt, Duftende Engelstrompete, Fleur trompette, Flor de campana, Floripondia, Floripondio blanco, Guando, Huanduc (Quicha), Ishauna (Zapara), Juunt maikiua (Achuar: große Engelstrompete), Maikiua (Achuar), Maikiuwa (Achuar/Shuar), Maikoa (Jíbaro), Maikua, Maikuna, Ohuetagi (Huaorani), Peji (Secoya), Sprengels Engelstrompete, Toá, Toé, Toé canachiari (Shipibo), Trompeta del juicio, Ts'ak tsimin (Lakandon: Pferdemedizin),

Tsuaak, Tsuak, Tu-to-a-vá-a (Kofán: weiße Engelstrompete), Vau (Kofán), Wahashupa (Sharanahua), Weiße Engelstrompete, Wohlriechender Stechapfel, Yumi maikiua (Achuar: Hunde-Engelstrompete), Yumi maikiua (Achuar: Himmelswasser-Engelstrompete)

Verbreitungsgebiet: Anden, Kordilleren, Mittelamerika

Beschreibung: Mehrjährige, baumartige, bis über drei Meter hohe Brugmansia mit rosa-weißer oder weißer, herabhängender Blüte und ovalen, am Rand glatten Blättern. Bildet sehr selten Früchte aus. Hellbrauner Samen.

Aktive Prinzipien/Wirkstoffe: *Brugmansia suaveolens* nimmt chemisch eine Sonderstellung innerhalb ihrer Gattung ein. Sie enthält eine spezielle Zusammensetzung an Tropanalkaloiden. Der oberirdische Teil der Pflanze enthält Atropin und Scopolamin (als Hauptalkaloide), Apohyoscin, Norhyoscin, Noratropin und Tigloylester. In der Wurzel findet sich Atropin, Cuskohygrin, Littorin, Meteloidin, Scopolamin, 3alpha-Acetoxytropan, 6beta-(alpha-Methylbutyryloxy)-3alpha-Tigloyloxytropan, 3alpha:6beta-Ditigloyloxytropan-7beta-ol, 3-alpha-Tigloyloxytropan-6beta-ol und Tropin. Die Blütenkrone enthält als Hauptalkaloid Norhyoscin, die Blätter beinhalten 0,09 bis 0,16 Prozent Alkaloide.

Verwendung: Blüten, Blätter und Samen werden frisch gegessen oder als Aufguss oder Abkochung bereitet. Ein Aufguss kann mit alkoholhaltigen Getränken vermischt werden. Frische Blüten können in Milch eingelegt werden. Zubereitet wird ein erotisierender Aufguss aus einer frischen Blüte, welche zehn Minuten im heißen Wasser zieht. Das getrocknete Kraut kann geraucht werden.

Brugmansia versicolor
LAGERHEIM

Synonym: *Datura versicolor* (LAGERH.) SAFF.

Trivialnamen: Amazonian datura, Amazonia tree datura, Bunte Engelstrompete, Canachiari (Shipibo), Sachatoé, Toé, Tree datura

Verbreitungsgebiet: Ecuador, Peru, Südamerika

Beschreibung: Mehrjährige, baumartige, bis zu drei Meter hohe Brugmansia mit rosa-gelber, immer gerade herabhängender Blüte und ovalen, am Rand glatten Blättern. Glatte, schmale Frucht.

Aktive Prinzipien/Wirkstoffe: Tropanalkaloide. Chemische Untersuchungen wurden noch nicht vorgenommen.

Verwendung: Der Saft der ausgepressten Stängel wird getrunken. Die schamanische Dosis liegt zwischen einem und zwei Millilitern. Das trockene Kraut kann geraucht werden.

Anmerkung: Außerdem existieren zahlreiche Hybriden der Engelstrompete. Viele Züchter kreuzen die schöne und in aller Welt beliebte Zierpflanze fast ununterbrochen und erhalten so jedes mal sozusagen eine neue Brugmansia. In zwei Fällen gelang es sogar Brugmansia mit Datura zu kreuzen: ***Datura innoxia x Brugmansia suaveolens*** und ***Datura innoxia x Brugmansia aurea***[22].

---

22 LOCKWOOD 1973

Exkurs: Das Datura-Blatt mikroskopisch betrachtet

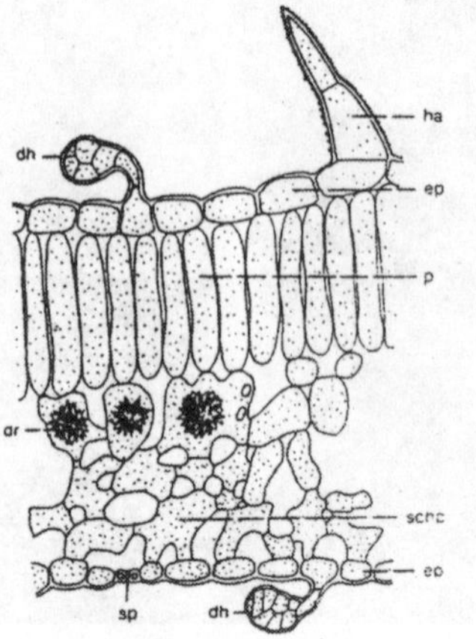

Querschnitt der Spreite:
Ha = Haar; dh = kurzes gekrümmtes Drüsenhaar;
dr = Calciumoxalatdrüsen;
sp = Spaltöffnung;
ep = Epidermis (Oberhaut);
P = Palisadenzellen;
schp =Schwammparen-chym.
Vergrößerung 212 x (nach KARSTEN)

Mikroskopische Ansicht der Datura-Blattoberfläche (mit freundlicher Genehmigung aus: Erwin BAUEREIß ***Stechapfel – Halluzinogenes Nachtschattengewächs***, 3. Auflage, Wurzel-Verlag 1993)

Pflege

Pflege Datura spp.

Da es sich bei den Datura-Arten um Wildpflanzen handelt, werden diese Pflanzen eher selten und nur von Enthusiasten in Kultur gehalten. Eine Ausnahme bildet hier die ***Datura metel***, die öfter einmal im gut sortierten Gartencenter angeboten wird. Grundsätzlich lassen sich alle Daturas auch im Garten halten.

Standort und Licht

Datura als Wildpflanze sollte im sonnigen oder halbschattigen Freiland gehalten werden. Obwohl sie auch im Kübel wachsen würde, ist es von Vorteil, Datura direkt in die Erde zu pflanzen oder zu säen. Im Wohnzimmer stimmen die angeforderten Vegetationsverhältnisse nicht – ein Gewächshaus ist nicht erforderlich, da der Stechapfel in seinen Varianten sehr anpassungsfähig und robust ist. In seiner Eigenschaft als einjähriges, selbstfruchtbares Kraut kann ein einmal ausgesäter Stechapfel unter günstigen Umständen jedes Jahr von selbst wieder wachsen, sozusagen verwildern.

Wasser

Datura benötigt in Kultur relativ viel Wasser. Im Hochsommer sollte Datura täglich gegossen und im Idealfall wurzelnah konstant feucht gehalten werden. Sobald die Blätter schlaff herunterhängen, sollte man dies als Ermahnung betrachten und schnell gießen.

Erde/Substrat

Als Kübelsubstrat aber auch als Umgebungserde für direkt im Garten gepflanzte Stechäpfel wählt man ein kalk- und nährstoffreiches Erdgemisch. Man kann beispielsweise handelsübliche Blumenerde mit zwei Teilen Sand vermixen, um ein gutes Datura-Substrat zu erhalten.

Überwinterung

Datura ist ein einjähriges Gewächs. Eine Überwinterung erübrigt sich somit.

Pflege Brugmansia spp.

Standort & Licht

Brugmansia-Arten werden im Freiland in der Erde oder im Kübel gehalten. Sie lieben einen (nicht prall-)sonnigen Platz und brauchen nur gemäßigt Schatten. Die direkte Mittagssonne ist Gift für alle Brugmansien. Idealerweise steht die Engelstrompete wind- und frostgeschützt , da die Pflanzen Zugluft und extrem niedrigen Temperaturen gegenüber sehr empfindlich reagieren.

Wasser

Die Engelstrompete braucht im Sommer sehr viel Wasser. Täglich 10 bis 15 Liter oder zweitägig 20 bis 25 Liter sind im Hochsommer bei 35 Grad im Schatten nicht zu viel.

Erde/Substrat

Eine tonhaltige Kübelerde mit einem pH-Wert zwischen 6,5 und 7 ist ideal für alle Engelstrompeten. Im Fachhandel ist ein spezieller Dünger für Brugmansia erhältlich. Dieser bietet alle für die Pflanze lebensnotwendigen Nährstoffe. Die dauerhafte Gabe dessen ist aber nicht unbedingt angebracht, wenn die Pflanze zum Konsum angebaut wird.

Überwinterung

Während der kalten Monate, etwa von Ende Oktober bis Mitte März, überwintert die Engelstrompete im Keller kühl aber frostfrei.

Schädlinge und Krankheiten

Die Probleme im Umgang mit Stechapfel und Engelstrompete sind im Grunde die gleichen, die auch bei anderen Pflanzen auftreten können. Es sind zum einen die tierischen Schädlinge, zum anderen auch Pflege- und Kulturfehler, die den Gewächsen den Garaus machen. Im Folgenden findet der Leser eine Übersicht der Symptome, Schäden und Maßnahmen.

Tierische Schädlinge

Blattläuse

Die Blattlaus ist einer der häufigsten Schädlinge. Sie kann die Pflanze sowohl an ihrem Standort im Garten, als auch im Winterquartier befallen. Blattläuse stechen die Blätter an, saugen den Pflanzensaft und scheiden Honigtau aus. Die Einstichstellen werden oft und gern vom Russpilz befallen, der die Pflanze dann endgültig tötet. Außerdem können Blattläuse den für Engelstrompeten so gefährlichen Colombian Datura Virus übertragen.
Blattläuse lassen sich mit »Neem« (rein pflanzliches Präparat aus dem Samen des Neembaumes) aus dem Gartenmarkt bekämpfen. Alternativ kann man die Tierchen mit Flüssigseife abwaschen oder eine Lösung aus vier Teilen Wasser, einem Teil Reinigungsalkohol sowie einem Teil flüssiger Schmierseife herstellen und die Blätter mit dieser (bei Bedarf auch öfter) einsprühen.

Blattwanzen

Blattwanzen sitzen an den Blättern und stechen beziehungsweise fressen diese an. Die Einstichstellen werden bräunlich, die Blätter verkümmern und die gesamte Pflanze wird krank. Behandelt werden kann nur mit Chemikalien wie »Lizetan«. Pflanzen, welche für einen Konsum bestimmt waren, werden sicherheitshalber von den anderen isoliert und verworfen.

Spinnmilben

Wenn mit der Lupe kleine rote Pünktchen auf der Pflanze sichtbar sind, ist diese von der Roten Spinne, auch bekannt als Spinnmilbe, befallen. Spinnmilben stechen die Pflanze an und befüllen deren Zellen mit Luft. Die angestochenen Stellen verfärben sich mit der Zeit weiß-grau bis gelb-braun, die Pflanze wird krank. Behandlung mit »Neem« (siehe Blattläuse). Alternativ erhöht man mit einer Plastiktüte die Luftfeuchtigkeit, da Spinnmilben diese nicht vertragen und eingehen.

Thripse

Thripse, auch Blasenfuß genannt, erzeugen ein gleiches oder ähnliches symptomatisches Schadbild wie die Spinnmilbe (siehe dort). Eine Bekämpfung ist möglich mittels (im Gartencenter erhältlicher) Gelbtafeln und/oder hoher Luftfeuchtigkeit. Außerdem kann die Raubnematode als Nützling eingesetzt werden. Ein Nützling ist ein natürlicher Feind des Schädlings. Die Raubnematode eliminiert Thripse ohne der Pflanze selber Schaden zuzufügen.

Weichhautmilben

Diese mit bloßem Auge kaum auszumachende Milbenart befällt vorzugsweise junge Triebe, sticht diese an und saugt sie aus. Befallene Pflanzen werden krank, verkümmern und sterben. Behandlung mit »Neem« oder hoch angesetzter Luftfeuchtigkeit.

Ohrwürmer

Ohrwürmer vertilgen (vorwiegend nachts) Blätter und Knospen, bis zur vollständigen Zerstörung der Pflanze. Von einer chemischen Behandlung sollte der künftige Konsument absehen. Tricks mit nahe der Pflanze gelagerten und mit Stroh gefüllten Blumentöpfen (wie oftmals in der Literatur zu lesen), fruchteten bei mir bislang gar nicht. Die Strohtöpfe sollen den Ohrwürmern tagsüber als Unterkunft dienen, die so gesammelt und entfernen könnten. Einen Versuch ist es wert.

Raupen

Die Frostspanner- und die Erdraupe sind schlimme Schädlinge. Sie zerfressen die Blätter komplett und hinterlassen ausschließlich das Gerippe. Die Blätter werden also sowohl von der Blattkante als auch im Blattzentrum angefressen. Erste Symptome sind so genannte Buchtenfraßstellen. Eine adäquate Behandlung ist nur mit Raupenspritzmittel durchführbar. Da dies aber eine pure Chemiekeule ist, bietet sich vorerst ein Standortwechsel der Pflanzen an.

Schnecken

Schnecken fressen ebenfalls sukzessive die Pflanze erst an und schließlich langsam auf. Da diese Tiere groß und leicht erkennbar sind, lassen sie sich einfach mit der Hand entfernen. Prophylaktisch kann man Salatblätter um die gefährdete Pflanze verteilen und hoffen, dass diese den Schnecken eher zusagen.

Viruserkrankungen

Colombian Datura Virus (CDV)

Dieses spezielle Datura-Virus aus der Familie der Potyviridae wird durch Blattläuse übertragen und schwächt die befallene Pflanze, bis diese schlussendlich stirbt. Symptome für einen CDV-Befall können sein: Mosaikfärbung der Blätter, Abfallen der Blätter, verkümmerter/verkrüppelter Wuchs, absterbende Triebe. Besonders anfällig sind die Arten ***Brugmansia x candida***, ***Brugmansia x insignis***, ***Brugmansia sanguinea*** und ***Brugmansia vulcanicola***. Alle anderen Formen der Engelstrompete sind Virustolerant und leben trotz eines eventuellen Befalls ganz gut.

Maßnahmen erübrigen sich. Pflanzen der oben genannten Arten sind zu verwerfen, virustolerante Arten am besten von anderen, gesunden Pflanzen zu isolieren.

Pilzerkrankungen

Botrytis

Dieser Pilz ist ganz marginal als Grauschimmel bekannt. Er bildet sich bei Engelstrompeten am häufigsten während der Winterruhe im Haus. Botrytis entsteht an toten Pflanzenteilen, wie abgefallenem Blattwerk und breitet sich schnell über die gesamte Pflanze aus.
Als Maßnahme eignen im Gartenmarkt erhältliche fungizide Präparate wie »Euparen« oder »Ronilan«, die jedoch nicht anzuwenden sind, wenn die Pflanze zum Konsum bestimmt ist. Botrytis-befallene Brugmanisen sollten entsorgt werden.

Pythium/Phythophthora

Die beiden Pilze zeichnen sich verantwortlich für Wurzel- und Stängelfäulnis. Sie werden durch übertriebene Wasserzufuhr oder Staunässe des Wurzelballens angelockt. Die Pflanze weist symptomatisch schwammig-matschige Stellen auf und ist in den meisten Fällen nicht mehr zu retten. Behandlungsversuche können an nicht stark befallenen Engelstrompeten oder Stechäpfeln vorgenommen werden, in dem man die fauligen Bereiche großzügig ausschneidet und mit Chinosol (erhältlich im Gartenfachgeschäft) einsprüht.

Fusarium

Dieser gefürchtete, wenig erforschte Pilz erzeugt das Schadbild des Stängelbrandes. Blätter und Stängel weisen eine Trockenfäulnis auf, verfärben sich scheckig hellbraun bis grau-schwarz und sehen welk aus. Blätter und Triebe durchlöchern und reißen ein. Bei festgestelltem Befall ist die Pflanze isoliert zu entsorgen, bestenfalls (wenn die Möglichkeit besteht) zu verbrennen. Prophylaktische Maßnahmen sind absolute Hygiene in der Pflege (betrifft hauptsächlich Schneidwerkzeuge und Topfmaterial).

Pflegefehler

Pflege- oder Kulturfehler fallen meist in Form von Mangelerscheinungen auf. Diese können sein: Unterversorgung von Stickstoff, Kalium, Kalk, Eisen und Magnesium.
Ein solcher Nährstoffmangel visualisiert sich oft durch Verfärbung oder Einrollen der Blätter. Ich habe solcherlei in mehreren Jahren der Brugmansia- und Datura-Kultur noch nicht erleben müssen. Wählt man das Substrat, entsprechend den Anforderungen der Pflanze (siehe Kapitel »Pflege«, Seite 49 f.) und düngt ausreichend mit Spezialdünger, treten diese Mängel nur sehr selten bis gar nicht in Erscheinung. Ein pH-Tester ist in jedem Fall von Vorteil. Man sollte mindestens ein Mal im Jahr die Pflanzenerde auf ihren ph-Wert untersuchen. Da Engelstrompeten im Grunde sehr robuste Gewächse sind, hat der Besitzer selten mit Mangelerscheinungen zu kämpfen.

Vermehrung

Vermehrung der Datura durch Aussaat

Gegen Ende/Mitte Mai sät man den Samen im Garten oder im Topf/Zimmergewächshaus und hält die Aussaat konstant feucht und halbschattig. Die Keimung (auch »Auflaufen« genannt) erfolgt je nach Datura-Art in sechs bis 40 Tagen. Die meisten Stechapfel-Arten keimen innerhalb von zwei bis drei Wochen. ***Datura metel*** benötigt bis zu 40 Tage.
Nach dem Auflaufen brauchen die Keimlinge nicht mehr so viel Feuchtigkeit. Die Wassergaben werden etwa um die Hälfte reduziert. Die kleinen Pflänzchen dürfen allerdings weiterhin nie vollständig austrocknen, ansonsten würden sie sterben! Der halbschattige Standort wird auch in dieser Phase bevorzugt. Wenn der Sämling zur Jungpflanze herangewachsen ist, wird er pikiert (= vereinzelt), also an seinen künftigen Standort umgepflanzt. Nun benötigt er wieder viel Wasser und ist unempfindlich gegenüber starker Sonnenbestrahlung.

Datura-Samen können auch in Töpfen gezogen werden – am besten im Minigewächshaus bei zirka 18 bis 20 Grad Celsius und am Südfenster oder unter Kunstlicht. Der Wasserbedarf entspricht den obigen Angaben der Freilandaussaat.

Vermehrung der Datura durch Stecklinge

Die Vermehrung durch Stecklinge ist bei der wilden Datura recht schwierig. Wer es trotzdem probieren möchte, schneidet ein etwa 15 bis 20 Zentimeter langes Stängelstück mit drei bis sechs Blättern schräg von der Datura ab. Dieses Stück – das ist nun schon der Steckling, stellt man mit der Schnittstelle in ein Glas Wasser. Im Erfolgsfall sollten nach 14 bis 20 Tagen erste Wurzelfaserchen sichtbar sein. Ist das der Fall, kann man die Datura in Substrat setzen.

Vermehrung der Brugmansia durch Aussaat

Am besten nimmt man die im Gartenmarkt angebotenen Brugmansia-Samen und sät diese im Zimmergewächshaus, in Jiffy-Quell-Torftöpfchen am Südfenster oder unter Kunstlicht bei 20 bis 25 Grad Celsius aus. Man wählt ein mineralisches, durchlässiges Substrat, zum Beispiel nährstoffreiche Blumenerde mit zwei bis drei Teilen Sand. Die Aussaat darf niemals austrocknen – der Samen keimt sonst nicht. Die Keimung geschieht meist innerhalb von zwei Wochen. Für die weitere Pflege der Keimlinge siehe Vermehrung der Datura durch Aussaat. Die für die Aussaat am besten geeignete und erfolgversprechendste Engelstrompete ist ***Brugmansia sanguinea***.

Vermehrung der Brugmansia durch Stecklinge

Ein 10 bis 50 Zentimeter langes Stück Stängel (ruhig mit Verzweigungen) mit 5 bis 20 Blättern wird gerade und sauber abgetrennt. Dieser Steckling kann in Erde oder Wasser bewurzelt werden. Er wird entweder in gute, hochwertige und tonhaltige Qualitätsblumenerde (in der Gärtnerei fragen) gesteckt und bewurzelt dort innerhalb kürzester Zeit (14 bis 20 Tage). Man kann ihn auch so lange in ein Glas Wasser stellen, bis die Schnittstelle verhärtet ist. Dann topft man auch ihn in gute Erde, wo die eigentliche Wurzelbildung beginnt. Keine Aufregung, wenn das Wachstum ein wenig stockt; das ist bei der Wasserbewurzlung normal.

Einige Arten lassen sich außerordentlich simpel vermehren: Stecklinge von ***Brugmansia x candida*** und ***Brugmansia x insignis*** lassen sich zum Bewurzeln einfach in feuchte Erde stecken.

Eine andere Methode der Brugmansia-Vermehrung ist das so genannte Abmoosen. Hier wird mitten in den Hauptstamm oder einen (möglichst schon verholzten) dickeren Trieb eine Kerbe geschnitten. Diese Kerbe wird mit einem aufgeschnittenen Plastik-Blumentopf verhüllt, welcher mit Moos befüllt ist. Das Konstrukt wird mit Klebeband oder ähnlichem befestigt. Nach einiger Zeit – in manchen Fällen bis zu einem halben Jahr – kommen an der Kerbe kleine Wurzeln zum Vorschein. Jetzt kann der Stamm abgetrennt und eingetopft werden.

Exkurs: Zucht von Brugmansia

Die Hybridisierung, also die gezielte Kreuzung zweier artverschiedener Engelstrompeten, nimmt der Züchter vor, um bestimmte Eigenschaften der Pflanzen miteinander zu kombinieren. In erster Linie werden Brugmansien der Blüte wegen hybridisiert. Liebhaber und Sammler der Gattung experimentieren mit immer neuen Farbvariationen, Größen und dem vielfältigen Duftvermögen der Blüten.

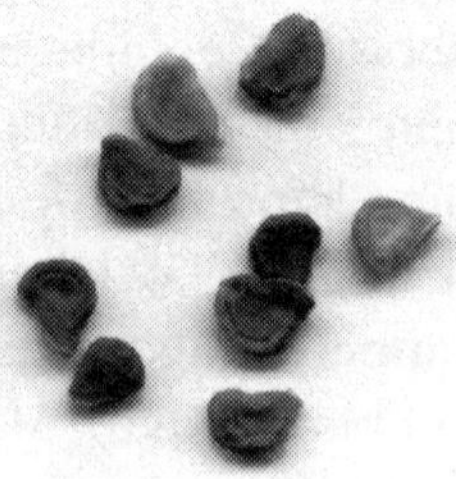

Samen von ***Brugmansia suaveolens*** … … und ***Brugmansia arborea***

Wie kreuzt man zwei Brugmansia-Arten?

Zunächst benötigt man zwei ausgewählte Exemplare, welche miteinander gekreuzt werden sollen. Man bestimmt eine Vater- und eine Mutterpflanze.

Die noch nicht aufgegangene Blüte der Mutterpflanze wird mit Alufolie gegen eine Fremdbestäubung geschützt. Eine Plastiktüte zum Binden der Blüte wäre keine gute Idee, der Pflanzenteil wäre Atmungsinaktiv, bekäme also nicht genügend Sauerstoff.

Sobald die Blüte aufgeht und der Kelch sich öffnet, gibt man mit einem feinen Pinselchen sorgfältig Blütenstaub (= Pollen) der Vaterpflanze auf die Narbe der Mutterpflanze.

Die Blüte ist nun bestäubt. Um den Befruchtungsvorgang vor äußeren schädlichen Einflüssen zu schützen, bindet man die Blüten vorne vorsichtig mit einem Stück Schnur zu und umschlägt das Ganze am besten mit ein wenig Alufolie.

Nach ein paar Tagen wird die eingewickelte Blüte abfallen. An der Pflanze bleiben Griffel, Narbe und Kelch sichtbar. Nach etwa zehn Tagen ist eine Verdickung des Fruchtknotens erkennbar. Hier entsteht nun die Frucht, welche nach der bis zu sechs Monate dauernden Reife trocknet. Ist die Frucht komplett trocken, kann der Züchter ernten. Die Frucht wird bis zum Februar trocken gelagert, dann ist Aussaatzeit. Um den entstandenen Samen des neuen Hybriden zu säen, muss dieser aus der Frucht entfernt werden. Dafür legt man die trockene Frucht 24 Stunden in warmem Wasser ein, entnimmt den Samen und reinigt ihn gründlich. Der Zierpflanzenfreund kann zur Desinfektion Chinosol verwenden (gibt es in der Apotheke), der künftige Konsument verzichtet besser auf die Chemikalie.

Nach dem Präparieren des Saatguts kann die Aussaat entsprechend obiger Angaben erfolgen[23].

Ergebnisse aus der Forschung:

Höherer Alkaloidgehalt bei F1-Hybriden

W. C. Evans beschreibt in seinem Artikel »Hybridization and Secondary Metabolism«[24] die Ergebnisse einer Forschungsreihe. Mittels Gewebekultur-Technik und klonaler Vermehrung wurden verschiedene Brugmansia-Arten vermehrt und auf ihren Alkaloidgehalt hin untersucht. Evans kommt zu dem Schluss, dass F1-Hybriden, also Klone von gekreuzten Engelstrompeten (z. B. ***Brugmansia aurea X Brugmansia candida***) höhere Wirkstoffwerte aufweisen als solche, die aus einer reinrassigen Mutterpflanze geklont wurden. Da die Arbeit 1982 durchgeführt und 1986 publiziert wurde, werden die Pflanzen in der folgenden Tabelle noch als ***Datura spp.*** bezeichnet.

23 Gottschalk 2001
24 in: D'Arcy 1986: 182ff.

Tabelle 1: Alkaloide der Baum-Datura (Brugmansia) F1-Hybriden (nach EL-DABBAS und EVANS 1982[25])

	Alkaloide (Trockengewicht in Prozent)	
	Hyoscin	Hyoscyamin
Datura aurea	0,66	0,17
Datura candida	0,25	0,04
D. aurea X D. candida (25 Pflanzen)	0,72	0,17
D. candida X D. aurea (15 Pflanzen)	0,72	0,17

25 EL-DABBAS ET EVANS 1982 (wiedergegeben in D'ARCY 1986)

Geschichte

»Stechapfeldrogen (***Datura*** spp.) werden fast überall auf der Welt medizinisch und rituell genutzt. Es gibt kaum eine Droge, deren Anwendungsgebiete und -verfahren so konstant gleich in völlig verschiedenen Kulturen auftreten.«
(RÄTSCH 1986 a[26])

Datura

Über die Geschichte und Abstammung der Gattung Datura ist fast nichts bekannt. Der Name Datura hat seine Wurzeln in der indischen Sanskrit-Sprache (dhattura[-ka], dhaturo, dhatura). Der Botaniker Carl von Linné glaubte, dhatura hätte seinen Ursprung im lateinischen Wort »dare«, was mit »Geben« ins Deutsche übersetzt wird. Die Korrektheit dieser These ist allerdings eher unwahrscheinlich. Wofür der Name steht und mit welchem Terminus er übersetzt wird, ist unklar. Es existieren zahlreiche weitere Bezeichnungen für den Stechapfel. Einige lassen deutlich den gemeinsamen Ursprung erkennen. In Indien und Nepal benutzt(e) man neben dem Namen Dhatura unter anderem dhatur, dhastur, dhaturo (D. stramonium), dhustra, dutra, kalo dhaturo (D. metel), unmata, unmatta, unmeta und shiva shekhra, in Arabien Datora, Tatorah und Jous-Mathel.
Die Stechapfel-Arten sind praktisch in der ganzen Welt heimisch. Archäologische Funde zeigen, dass Datura in Mexiko schon in prähistorischen Zeiten verwendet wurden. Viele Indianerstämme aus Südamerika und Mexiko nutzen Datura (***Datura innoxia*** = Toloache) als rituelles Entheogen, Aphrodisiakum und Medizin. Kalifornische Stämme

[26] Seiten 31, 32

gebrauchen seit etwa 5.000 Jahren Datura wrightii in gleicher Weise. Unbekannt ist, seit wann der Stechapfel (*Datura metel*) in Afrika und Asien, wo er (wie überall) im rituellen Kontext gebraucht wird, heimisch ist. Erste literarische Erwähnung findet Datura in den indischen Sanskrittexten. Ebenfalls völlig unbekannt ist die Herkunft der ***Datura stramonium*** und ***Datura discolor***[27]

Den Hindus ist der Stechapfel, gleichwertig neben Hanf, die heiligste Pflanze. Hinduistische Yogis und Wanderasketen (Sadhus) rauchen ein Datura-Cannabis-Gemisch zu Ehren des Gottes Shiva, wobei Datura für das weibliche und Hanf für das männliche kosmische Prinzip stehen.

Brugmansia

Die Gattung kommt ursprünglich aus Südamerika, ist allerdings nur als Kulturpflanze bekannt. Die frühe Geschichte der Brugmansia liegt, genau wie ihr Ahnenstamm, bislang im Dunkeln. Es konnte bis heute nicht ermittelt werden, von welcher Pflanze (oder von welchen Pflanzen) die Engelstrompete abstammt.

Kulturell, d. h. medizinisch und rituell, werden die Brugmansia-Arten schon lange und hauptsächlich von indianischen Stämmen genutzt. Die Engelstrompete ist diesen Stämmen ebenso heilig, wie es der Stechapfel und der Hanf für den hinduistischen Sadhu sind.

Brugmansia sanguinea ist die historisch bedeutsamste Art. Sie wird in der frühen Literatur, z. B. bei Johnston 1854 und Bibra 1855 als roter Stechapfel oder ***Datura sanguinea*** beschrieben:

»Der rothe Stechapfel (***Datura sanguinea*** [...]) wird in den Andes von den Indianern gewisser Stämme benutzt, welche sich auch vorzugsweise der (...) Coca bedienen. Er wächst an den weniger steilen Abhängen der Andesthäler und wird von den Eingebornen Bovachero oder Yerba de Huaca genannt. Der Theil der Pflanze, welcher aussch-

[27] Rätsch 1998

ließlich benutzt wird, ist die Frucht, und die Indianer bereiten aus ihr ein sehr narkotisches Getränk, das sie Tonga nennen ... In früherer Zeit tranken die indianischen Priester den Saft von diesem Stechapfel, um sich in einen Zustand der Verzückung zu setzen, wenn sie, wie sie vorgaben, in unmittelbaren Verkehr mit ihren Gottheiten treten wollten. Obgleich die Einführung des Christenthums die Indianer von ihrem Götzendienst entwöhnt hat, so hat es doch bis jetzt ihren alten Aberglauben nicht zu verbannen vermocht; noch immer glauben sie, daß sie sich mit den Geistern ihrer Vorfahren in Verbindung setzen und von ihnen einen Leitfaden zu den in den Huacas, d. h. in den Gräbern, verborgenen Schätzen erhalten können. Dieser Glaube hat zu dem Namen Huaca-cachu oder Yerba de Huaca, Grabpflanze, Veranlassung gegeben, mit welchem die Indianer diese Stechapfelart bezeichnen.«[28]
Überhaupt wird Brugmansia in Peru vielerorts schamanisch als Entheogen - beispielsweise ***Brugmanisa versicolor*** als Ayahuasca-Zusatz – aber auch medizinisch genutzt. Christian Rätsch vermutet, dass die Engelstrompete seit prähistorischer Zeit als rituelles Halluzinogen verwendet wird[29]. In Mexiko ist Brugmansia seit präkolumbianischer Zeit eingebürgert.[30]

---

[28] Johnston 1854: 132 + 134
[29] Rätsch 1998
[30] Rätsch et Ott 2003: 26

Über die Verwandtschaft von Datura und Brugmansia

Die Engelstrompete, im Allgemeinen oft Baumdatura genannt, wurde früher als Untergattung der Datura betrachtet (den Stechapfel nannte man im Volksmund Kraut-Datura). Nach eingehenden botanischen Untersuchungen jedoch stellte man fest, dass die Engelstrompete der Datura zwar sehr ähnelt und eng mit ihr verwandt ist, trotzdem aber einer eigenen Gattung angehöre: Der Botaniker LOCKWOOD nahm die nomenklatorische Unterteilung in Datura und Brugmansia vor. Im Sprachgebrauch hat sich allerdings nicht viel geändert: Der Garten- und Blumenhandel verkauft Brugmansien weiterhin unter dem Namen Datura. Sehr anschaulich und gut verständlich ist eine tabellarische Übersicht über die mittlerweile veraltete Nomenklatur der Gattung Datura von HAWKES ET AL. aus dem Jahr 1979[31]. Ich übernehme sie vollständig, also mit den Angaben der jeweiligen Publikationen einer jeden Art.

Etikett einer ***Brugmansia sanguinea*** aus dem Gartenfachhandel. Bis heute konnten sich die Unternehmer nicht an die neue Nomenklatur gewöhnen und zeichnen Engelstrompeten weiterhin als Daturas aus.

31 HAWKES et al. 1979: 139

Brugmansia versicolor

Brugmansia aurea

Frucht der ***Datura stramonium***

Die durchgeschnittene Frucht und freiliegenden Samen einer ***Datura stramonium*** var. ***tatula.***

Datura stramonium var. ***tatula***

Ein wundervoller Sonntag-Morgen-Fund: Eine ***Datura stramonium*** mitten im Gemüsefeld bei Fritzlar in Nordhessen.

Zwei originale Squash-Blossom-Ketten der Navaho aus dem Besitz von Christian Rätsch. Squash-Blossom-Ketten sind Symbol für die heilige Datura.

Datura stramonium.
Aus: Meyers Konv. Lexicon, Bibl. Institut Leipzig

Datura discolor

Die aufgeplatzte Frucht und freigegebene Samen der ***Datura stramonium***

Foto: Markus Berger

Datura stramonium var. *tatula*

Zeichnung: Markus Berger

Blüte der Datura metel

Brugmansia sanguinea

Brugmansia sanguinea Ruiz & Pav.

Brugmansia x *insignis*

Brugmansia aurea

Datura Linnaeus

Stramonium

Datura stramonium LINNAEUS, Sp. Pl., 1: 179 (1753).

Datura

Datura discolor BERNHARDI in Tromms. N. J. Pharm., 26: 149 (1833).
Datura innoxia MILLER, Gard. Dict., 8 ed. (1768) Datura, No. 5.
Datura kymatocarpa A. S. BARCLAY in Bot. Mus. Leafl., 18: 256 (1959).
Datura pruinosa GREENMAN in Proc. Am. Acad., 33: 486 (1898).
Datura quercifolia HUMBOLDT, Bonpland et Kunth, Nov. Gen. et Sp., 3: 7 (1818).
Datura reburra A. S. BARCLAY in Bot. Mus. Leafl., 18: 258 (1959).
Datura wrightii REGEL Gartenfl., 8: 193 (1859).

Ceratocaulis

Datura ceratocaula ORTEGA Dec. Prim.: 11 (1797).

Brugmansia

Datura arborea LINNAEUS, Sp. Pl., 1: 179 (1753).
Datura aurea (LAGERH.) Lagerheim, gartenfl., 42: 33 (1893).
Datura candida (PERS.) Pasquale, Cat. Ort. Bot. Nap.: 36 (1867).
Datura dolichocarpa (LAGERH.) Safford in J. Wash. Acad. Sci., 11: 186 (1921).
Datura sanguinea RUÍZ et PAVÓN, Fl. Peruv., 2: 15 (1799).
Datura suaveolens HUMBOLDT et BONPLAND ex WILLDENOW, Enum. Hort. Berol.: 227 (1809).
Datura vulcanicola A. S. BARCLAY in Bot. Mus. Leafl., 18: 260 (1959).

Ich möchte nun die Gemeinsamkeiten und Unterschiede der Gattungen Datura und Brugmansia tabellarisch darstellen. Nicht ohne Grund wurden Engelstrompeten früher zu den Stechäpfeln gezählt.

Tabelle 2: Gemeinsamkeiten der Gattungen

Blüten	morphologisch annähernd identisch
Samen	morphologisch ähnlich (in manchem Fall mehr, wie bei ***Brugmansia sanguinea*** und ***Datura innoxia***, in manchem Fall weniger)
Inhaltsstoffe	identisch (u. a. Scopolamin, Hyoscyamin, Atropin)

Tabelle 3: Unterschiede der Gattungen

	Datura	**Brugmansia**
Blüte	seitlich oder aufrecht stehend	herabhängend
Frucht	meist stachelig	glatt
Wuchs	strauchartig	baumartig

Frisch geschnittener Engelstrompeten-Steckling in der Blumenvase.

Vorkommen und Gebrauch

Asien

Datura

In Asien sind ***Datura discolor***, ***D. innoxia*** (eingeschleppt und verwildert), ***D. metel*** und ***D. stramonium*** heimisch. ***Datura metel*** ist eines der ältesten indischen Heilkräuter und wird auch heute noch medizinisch genutzt. Unglaublich, wie viele unterschiedliche Krankheitsbilder und Leiden mit Datura behandelt und geheilt werden können: marginale Alltagsleiden, wie Kopfschmerzen, Stresssymptome und nervöse Unruhezustände, leichtere Erkrankungen wie Bronchitis, Windpocken, Mumps und schwere Krankheiten wie Epilepsie, Asthma, Rheuma und Vergiftungen, Geschlechtskrankheiten und viele andere (siehe Seite 88 ff.). ***Datura metel*** gilt in Indien als Schwester des Stachelmohn (***Argemone mexicana***) und wird zu vielerlei rituellen, beispielsweise tantrischen Anlässen genossen.

Brugmansia im Botanischen Garten von Sydney, Australien 2/2002

Als Rauschmittel war der Stechapfel schon im Kama Sutra bekannt: »Wenn die Nahrung mit dem Daturasamen vermischt wird, berauscht es.«[32]

Prof. Dr. Louis Lewin weiß in »Phantastica« einiges vom Gebrauch des Stechapfels in Indien:

»Auch Indien hat Gebrauchszonen der Datura. So z. B. Bengalen. Besonders Leidenschaftliche rauchen ***Cannabis indica***, Ganjah, mit Zu-

---

[32] aus dem Kama Sutra, zitiert in: Rätsch 1996 b: 169

satz von zwei oder drei Stechapfelsamen oder einer Menge der Blätter. Um alkoholische Getränke in ihrer Gehirnwirkung zu verstärken und zu verändern, weicht man Samen in dem Getränk ein, seiht durch und mischt mit Palmwein. Dies geschieht z. B. in der Provinz Madras. Oder man bringt, wie in Bombay, den Rauch der gerösteten Samen mit einem alkoholischen Getränk für eine Nacht in Berührung. Es ist sicher, daß wirksame Bestandteile der Pflanze sich dabei verflüchtigen und dann vom Alkohol aufgenommen werden können.«[33]

James F. W. Johnston hatte schon 72 Jahre vor Lewin einiges zusammengetragen:
»In Oberindien wenden ihn die Bewohner der Gebirgsdörfer von Sirinagur und anderen Provinzen an, um die berauschende Kraft ihrer gewöhnlichen Branntweine zu erhöhen. In Niederindien dienen sie den Giftmischern (...) ihre unheilvolle Kunst zu üben. Sie ziehen einzeln oder in Banden umher, und suchen die Rastplätze der Reisenden auf, um dort eine halbe Rupie Stechapfelsamen, zerstoßen oder ganz, in ihre Speisen zu streuen. Hierdurch wird ein Rausch von zwanzigstündiger Dauer hervorgebracht, während dessen sie den Reisenden berauben ...«[34]

Ernst Freiherr von Bibra ergänzte ein Jahr später:
»In Goa geben sie [die Stechapfelsamen; Anmerkung des Verfassers] die Diebe ihren ausersehenen Opfern heimlich in Speise oder Trank, und berauben dann dieselben mit Bequemlichkeit. Aehnlich machen es die Lustdirnen, welche ihre Freunde und Besucher mit dem gestoßenen Samen betäuben und dann ihre Taschen leeren.«[35]

Die Sadhus, hinduistische Wanderasketen und Bettelmönche rauchen rituell ein mit Daturasamen, -blüten oder -blättern und Hanf gefülltes Chillum. Datura (auch Shiva shekhara, »Shivas Krone« genannt) steht für den maskulinen und Cannabis für den femininen Aspekt des hin-

---

33 Lewin 1926/2000: 181
34 Johnston 1854: 135f.
35 Bibra 1855: 143

duistischen Gottes Shiva, der mit dem Rauchen der ihm gewidmeten Mischung gelobpreist wird. Ihm werden unter anderem auch frische Stechapfelblüten und Früchte geopfert, welche auf einen Altar oder auf ähnliche Heiligtümer und Kultstätten gelegt werden. Im Vamana Purana[36], einer indischen heiligen Schrift, erzählt die Legende, Datura sei aus der Brust Shivas gewachsen.

Der Stechapfel ist das mächtigste Schamanengewächs Nepals. Hier geht man davon aus, dass Dhatur ein anderer Name Shivas sei. Auf Nepali hieß der Stechapfel deshalb unter anderem Dhatur-ma, wobei das Suffix »ma« für Pflanze (also Shivas Pflanze) steht.

»Stechapfelblüten und -früchte gehören zu den wichtigsten Opfergaben der nepalesischen Newari. Bei jeder Familien-Puja (Andacht, Opferzeremonie) werden Shiva zuerst Datura-Früchte geopfert, um ihn »glücklich« zu machen. In Varanasi, der heiligen Stadt Shivas, werden aus den Meteläpfeln und Rosenblüten Opferketten (malas) für den Gott des Rausches gefertigt und an den Eingängen seiner Tempel den Pilgern und Frommen verkauft. Die Datura-Kette wird dann andachtsvoll um den Lingam, das Gottesbild in Gestalt eines Phallus, gelegt, und über den Lingam werden frische Blüten geworfen (…) Der Lingam steht normalerweise in einer Yoni, der kosmischen Vulva. In sie werden frische Meteläpfel als Opfergaben gelegt.«[37]

Datura metel findet sich oftmals in der religiösen Kunst der hinduistischen und buddhistischen Traditionen[38]. Siklós berichtet von einer Verwendung der ***Datura metel*** in der Mongolei und in Tibet. Dort werden Pflanzenteile dieser Art während des Vajramabhairava-Tantra geräuchert, um (äußerlichen) Reichtum in Armut zu transformieren oder böse Geister (die für die drei menschlichen Grundgifte Hass, Neid und Gier stehen) zu vertreiben.[39]

---

36 Ein Purana ist kanonische Schrift, die zur Verehrung einer speziellen Gottheit bestimmte ist. Erwähnte Vamana Purana gehört zu den so genannten Mahapuranas (Sanskrit: maha = groß), also den großen, bedeutenden Puranas.

37 RÄTSCH 1998: 205

38 RÄTSCH 1998

39 SIKLÓS 1995; auch zitiert in RÄTSCH 1998

Im Kathmandutal wird die Gottheit Unmata Bhairab[40] (siehe Abbildung und Abbildung Buchrücken), eine tantrische Imanation Shivas verehrt, die auch als »göttlich berauschter Stechapfel-Bhairab« bekannt ist. Wie bereits erwähnt, ist »Unmata« eine indische Bezeichnung für den Stechapfel.

Leider lässt sich mit Datura leider auch Unheil anrichten: Zur Bestrafung untreuer Ehemänner haben indische Frauen eine Käferart mit Datura-Blättern gemästet. Den ausgeschiedenen Kot der Käfer mischten die Damen ihren untreuen Gemahlen unter die Nahrung. Die Thugs, eine indische Verbrecherbande, benutzten für das Gelingen ihrer Straftaten Datura-Samen zur Betäubung der Opfer.

Die aus Amerika eingeschleppte ***Datura innoxia*** wird in Indien analog der ***Datura metel*** verwendet.

Auch in China ist Datura heilig. Laut einer religiösen Sage, soll während der Predigten Buddhas der Stechapfel (***Datura metel*** var. alba) mit himmlischem Tau besprenkelt worden sein. D. alba (= ***weiße D. metel***; chin. Man-t'o-lo) nutzen Chinesen medizinisch, z. B. als Narkotikum (Betäubungsmittel). Früher wurden dem chinesischen Bier Samen der ***Datura stramonium*** beigemischt, um die narkotischen Effekte zu verstärken (siehe Seite 85 ff.).

Im Pakistanischen Belutschistan wird die verwilderte ***Datura innoxia*** als Rauschdroge benutzt.

Auf Java wird ***Datura metel*** zu hedonistischen Zwecken gebraucht. Die den reifen Früchten entnommenen, in der Sonne getrockneten Samen werden zerbröselt und mit Tabak geraucht – entweder als Mischung oder in ein Tabakblatt gerollt.

Die Samen der ***Datura metel*** werden in Malaysia zusammen mit ***Vitex pubescens, Aquilaria agallocha*** oder ***Balanocarpus maximus*** geräuchert. Hier »wird auch eine halluzinogene Paste aus Opium (***Papaver somniferum***), Datura-Samen, den grünen Schößlingen der gadong genannten, wilden Yamsart (***Dioscorea triphylla*** Lam. [...]) und der grü-

---

[40] Auch ulmata mahakala, ulmata bhairab oder ugla bhairab genannt.

nen Innenrinde von ***Glycosmis citrifloia*** (Rutaeceae) gemischt (GILMETTE 1981: 220*)«.[41]

In Burma (heute Myanmar) wird der Curry um Stechapfelsamen bereichert und entfaltet so eine stärkere aphrodisische Wirkung.

Laut Lewin wurden in Japan getrocknete Daturablätter mit Tabak geraucht.[42]

Auf den Philippinen (Mactan Island/Cebu) raucht man junge, noch nicht blühende Blüten der ***Datura metel***, nachdem man diese kurz in kochendes Wasser gehalten und sie danach trocknen lassen hat. Das malaiische Volk der Igorot (Luzon) bereitet aus Metelblättern eine berauschende Suppe.

Brugmansia

Durch Einschleppung sind ***Brugmansia suaveolens*** und ***Brugmansia arborea*** in Nepal und im Himalayagebiet verbreitet. Im Himalaya werden Blätter der Brugmansia als Beimischung für tantrische Rauchmischungen verwendet. In Nepal nennt man die Engelstrompete siva ghanta, dhodre (Kelch), phul oder dhature phul.[43]

In Nepal rauchen Tantriker das Blattwerk dieser Brugmansia zum Yoga oder zu meditativen Zwecken.

Afrika

Datura

In Afrika sind ***Datura metel*** und ***D. stramonium*** heimisch.

Datura metel und ***Datura fastuosa*** (= gelbe oder purpurne D. metel) werden in Zentral- und Westafrika als Rausch- und Wahrsagemittel gebraucht. Unter anderem dienen die heiligen Gewächse mit ihrer divi-

41 RÄTSCH 1998: 204

42 LEWIN 1926/2000: 181

43 Vgl. MÜLLER-EBELING et al. 2001: 178

natorischen Wirkung zur Aufklärung von Straftaten, als Initiationssakrament (im Tsongagebiet), aber auch als Gift gegen unliebsame Personen. In Ostafrika wird Datura zu hedonistischen Zwecken geraucht. Die Samen der Pflanzen werden außerdem mancherorts dem Bier zugesetzt.[44] In Marokko kocht man aus sechs Datura-Blüten eine Art aphrodisierenden Tee.

Aus Verständnisgründen und weil das Zeremoniell mir an dieser Stelle mehr als interessant scheint, zitiere ich nachfolgend die gesamte Passage der von T. F. Johnston erstmalig 1972 dargelegten Erläuterungen des Tsonga-Initiationsrituals, welche sich in der Enzyklopädie von Christian Rätsch findet.

»Im Tsongaland, das sich über Mozambique und Transvaal erstreckt, wird ***Datura metel*** var. fastuosa als halluzinogene Ritualdroge (mondzo) bei der Initiation von Mädchen zu Frauen – ganz ähnlich wie ***Datura wrightii*** bei Knaben – verwendet. Die Mädchen werden bei der Einweihung mit rotem Ocker (als Symbol des Menstruationsblutes) bestrichen und müssen sich nacheinander in einer fötalen Position auf eine Palmenstrohmatte legen, während die anderen, sich an die Hüften fassend, um sie herumtanzen. Dazu werden bestimmte Lieder gesungen, durch die die Mädchen von ihrer Kindheit getrennt werden. Danach wird die Novizin an einen Baum (***Euphorbia cooperi*** N.E. BR.) gebunden. Andere schlagen mit einem Stock an den Baum, bis der weiße Milchsaft (Symbol des Spermas) aus der Rinde hervorquillt. Hierauf beginnt ein Wasserritus, durch den die Initiandinnen gereinigt werden und ihre kindliche Vergangenheit abstreifen sollen. Vor der Einnahme des Stechapfels müssen die Mädchen eine Tierhaut über ein Wassergefäß spannen. Alte Frauen durchstechen die Haut mit Stöcken und rühren im Wasser. Nach dieser symbolischen Defloration bricht eine 'Schulmutter' aus dem Gebüsch hervor, die ganz mit Datura-Blättern, Krötenhäuten und Hundezähnen behangen ist. Die Novizinnen werden, in Decken eingehüllt, auf Palmenstrohmatten gelegt, und un-

---

44 Rätsch 1998; Lewin 1926/2000

ter Trommelrhythmen auf die Einnahme des Datura-Trankes vorbereitet. Die 'Schulmutter' nähert sich den Novizinnen, bespuckt sie und sagt ihnen immer wieder, daß sie bald die Stimme des Fruchtbarkeitsgottes hören werden. Sie legt den Mädchen, deren Schamhaare vor der Zeremonie abrasiert wurden, Tonwürfel, in denen Strohhalme stecken, zwischen die Beine. Damit soll angedeutet werden, daß die nachwachsenden Schamhaare die einer Frau und nicht mehr die eines Mädchens sind. Dann wird der Stechapfeltrank in einer Muschelschale herbeigetragen. Er wird mit Wasser aus dem Kraut gekocht und soll angeblich mit menschlichem Fett oder pulverisierten Menschenknochen versetzt sein. Die Schulmutter hält den Trank in Händen und singt: 'Man gräbt die Medizinpflanzen, die allen bekannt sind. Nehmt die Medizin, von der ihr so viel schon gehört habt!' Jetzt trinken die Novizinnen und achten auf die Stimme des Fruchtbarkeitsgottes. Sie erleben bestimmte Visionen, die durch Musik und Gesang geprägt und gesteuert werden. Am Ende der Initiation werden die Novizinnen aus den Decken befreit, mit neuer Kleidung angezogen und geschmückt. Zum Abschluß tanzen und singen sie. Jetzt sind die jungen Frauen heiratsfähig.«[45]

Gustav Schenk erläutert in einem seiner Zeit entsprechenden unkonventionellen Ausdruck im »Buch der Gifte« die Gewohnheiten der Afrikaner bezüglich des Stechapfels:
»Bei den Negern in Ostafrika werden die Datura-Blätter ebenso gern gebraucht wie bei den Arabern Nordafrikas. Die ostafrikanischen Neger verwenden die Stechapfelart ***Datura fastuosa*** und nennen sie 'Mnara' oder 'Mnarabu'. Die Araber und Suahelis rauchen unseren Stechapfel, ***Datura Stramonium***, der auch bei ihnen zu Hause ist, und den sie Muranha nennen.«[46]

---

45 Rätsch 1998: 205–206 (vgl. Johnston 1972)
46 Schenk 1954: 76

Christian Rätsch offeriert in »Ethnopharmakologie und Parapsychologie« ein auf Äthiopien bezogenes interessantes Faktum:

»Im Kaiserreich Äthiopien gab es die Einrichtung eines ‚Kriminaltelepathen': 'Eine solche Person heißt Lebaschà (konzentriert Suchender), meist handelt es sich um einen noch unberührten Knaben. Wurde ein Diebstahl verübt, rief man ihn. Der Lebaschà mußte einen Trank einnehmen, der u. a. Blätter von Nachschattengewächsen enthielt, auch von Drogen-Rauchen wird berichtet. Dann verfiel der Lebaschà in einen rauschähnlichen, trancehaften Zustand, streifte 'witternd' durch alle Orte, die mit dem Diebstahl in Berührung stehen mochten, und fand schließlich das Diebesgut und den Täter.«[47]

Brugmansia

In Afrika gibt es keine heimischen Brugmansia-Arten.

Amerika

Datura

Alle Datura-Arten sind in Amerika heimisch.

Den Indianern waren und sind (bis auf einige Ausnahmen) alle ihnen bekannten Datura-Arten heilig. ***Datura innoxia*** beispielsweise, die als Toloache in Mexiko eine Sonderstellung als Volksmedizin, Ritual- bzw. Zauberpflanze und Aphrodisiakum innehat, ist die heiligste Pflanze der Zuni-Indianer. Oftmals werden entweder alle Pflanzenteile verwertet oder es werden beispielsweise dem beliebten Maisbier (chicha) Datura-Samen beigemischt. Die Navajo, denen der Toloache-Gebrauch zu medizinischen, magischen, rituellen und aphrodisischen Zwecken besonders zu eigen ist, sprechen bei der rituellen Datura-Ernte ehrfürchtig ein Gebet, nachdem sie die zu pflückende Pflanze mit Maispollen bestreut haben:

---

[47] Rätsch 1986 a: 32 [zitiert aus: Bonin 1986: 49]

»Kleines weißes Haar,
vergib mir, dass ich dich nehme.
Ich tu das nicht aus Übermut.
Ich will, dass du mich heilst.
Ich nehme nur so viel, wie ich brauche.«

Sie gebrauchen Toloache, auch »Kleines weißes Haar«, »Absud des schönen Weges«, »Große Blume der Sonne« oder »Schwachsinn-Erzeuger« genannt, als rituelles Entheogen, als Liebesmittel, als Volksmedizin, als Gegenmittel bei Hexenzauber und hedonistisch als Rauschmittel. Zu den Aspekten der rituellen Datura-Ernte der Navajo erklärt CHRISTIAN RÄTSCH:
»Von der lebenden Pflanze darf man nur soviel mitnehmen, daß sie trotz der Verletzung weiterleben kann. Nimmt man zuviel, so daß die Pflanze eingeht und ihre Seele stirbt, verliert auch das geerntete Material seine Heilkraft. Wird ein Stück der Wurzel geerntet, müssen einige Blätter einer anderen Stechapfelpflanze in das Loch gelegt werden. Besonders dankbar ist der Pflanzengeist über einen kleinen Türkis, der an die Wurzel gelegt wird. Der Stechapfel wird aber auch zum Schadenzauber, zur Tierverwandlung und Hexerei benutzt.«[48]

Die kulturelle Bedeutung der ***Datura innoxia*** bei den Navajo (nach MÜLLER-EBELING und RÄTSCH 1998)
- Erzeugung von Visionen
- Liebeszauber
- Aphrodisiakum
- Jagdzauber
- Divination (Kriminaltelepathie)
- Diagnose (von Krankheitsursachen)
- Medikament
- magischer Schutz
- Genussmittel

[48] RÄTSCH 1998: 145 (auch in: RÄTSCH 1987: 257f.)

Die Schamanen (hmenó'ob) im südmexikanischen Yucatán verwenden Toloache (xtohk'ùh) hauptsächlich zur rituellen Divination. Die divinatorische Zeremonie wird mittels eines Bergkristalles und gerauchter Daturablätter oder gegessener Samen durchgeführt. Während der durch Toloache induzierten entheogenen Wirkung, findet der Schamane im Bergkristall die Antworten auf vor der Sitzung gestellte Fragen. Heutzutage wird manchmal ein ähnliches Ritual unter Einbeziehung von Tarot-Karten zelebriert.[49]

So wie die Navajo Toloache als Abwehrmittel gegen Hexerei gebrauchen, so fürchten sich die Huichol vor der Pflanze (die sie »schlechte Pflanze der Götter« nennen) gerade wegen ihrer Implikation in die mexikanische Brujería. Brujería heißt etwa so viel wie »Hexerei« und beschreibt magische, esoterisch-okkultistische und/oder katholisch-indianisch angehauchte Praktiken. Aus ***Datura innoxia*** wird in der Brujería Salbe, Zauberpulver und anderes bereitet. Sie soll Schwach- und Wahnsinn hervorrufen. Hexer (Brujo) oder Hexen (Bruja) sollen sie für Schadenszauber verwenden.

Im Allgemeinen wird Toloache von den Indianern häufig als Wahrsagedroge gebraucht. CHRISTIAN RÄTSCH erläutert:

»***Datura innoxia*** hat eine wichtige Rolle in der indianischen Divination. Jene Völker, die Náhuatl sprechen, wie auch die zur Mayasprachfamilie zählenden, benutzen den Stechapfel als Propheten- und Orakelpflanze. Auch von den Mixteken wird berichtet, daß sie ***Datura innoxia*** traditionell als Halluzinogen für die Divination einnehmen (AVILA B. 1992*). Viele Stämme des Südwestens (Colorado-River- und Pah-Ute-Stämme, Coahuilla) haben die Blätter geraucht und ihren Getränken (Chicha, Pulque; [...]) beigefügt, um ein prophetisches Delirium zu erzeugen (BARROWS 1967: 75*).«[50]

Einige Navajo-Medizinmänner der Lukachukai Mountains (hier befindet sich ein so genanntes Reservat der Navajo) nutzen Toloache für die

---

[49] RÄTSCH 1998: 198
[50] RÄTSCH 1998: 198; vgl. AVILA 1992; BARROWS 1967

Kriminaltelepathie. In diesem Fall wird ***Datura innoxia*** divinatorisch zur Aufklärung von Verbrechen eingesetzt.

Nicht nur in Mexiko, auch in anderen Teilen Amerikas gebrauchen die Indianerstämme alle Aspekte der ***Datura innoxia***: rituell als Entheogen und Wahrsage- oder Zauberpflanze, zur Bewältigung alltäglicher Problematiken (Verbrechen aber auch Sorgen, Nöte), medizinisch und hedonistisch als Aphrodisiakum oder als bloßes Rausch- und Genussmittel.

Die im Südwesten der USA lebenden Costanoan rauchen Toloache zu entheogenen Zwecken (***D. innoxia***-Blätter) oder als Liebesmittel (***D. innoxia***-Samen und ***Nicotiana tabacum***). Für die Abhaltung geheimer Riten und Zeremonien wird ***Datura innoxia*** von den Apachen, den Coahuilla, den Hopi, den Luiseno und den Shoshonen verwendet.

Die Schamanen der Maya nehmen vor einer divinatorischen »sas tun«-Sitzung[51] Stechapfelsamen zu sich, um sich mit diesen in einen entheogenen Trancezustand zu versetzen.

Auch ***Datura stramonium*** hat eine eigene lange Historie auf dem amerikanischen Kontinent. Aus Lewins Phantastica: »Die Blätter von ***Datura stramonium*** sollen von Indianern am Großen Salzsee, den Utahs, auch den Pimas und Maricopas zusammen mit denen von ***Arctostaphylos glauca*** geraucht bzw. für sich allein gekaut werden.«[52] (Siehe hierzu auch Seite 119 ff.).

Auf den karibischen Inseln ist Datura als Zombiegurke (***Concombre zombie***) bekannt, weil ein schwer Stechapfel-Berauschter sich angeblich bewegt und verhält wie ein von den Toten auferstandener.

Interessanterweise bedeutet der peruanische Terminus chamicado, welcher die unfeiwillige Narkotisierung einer Person beschreibt, in etwa »von der Engelstrompete berührt (sein)«.[53] In Südamerika deutet die populärste Bezeichnung für ***Datura ferox*** (auch für ***D. stramonium***), Chamico, auf den divinatorischen Nutzen der Pflanze hin. Der Ur-

---

51 sas tun (‚leuchtender Edelstein') bezeichnet einen Amethyst oder Bergkristall. Ein solcher Kristall wird bei hellseherischen Sitzungen der Maya-Schamanen zum Erkennen von Krankheitsursachen usw. verwendet.

52 Lewin 1926/2000: 183

53 Rätsch et Müller-Ebeling 2003: 254 [zitiert aus: Bastien 1987: 114]

sprung beider Begriffe findet sich im Aymará-Begriff »chamakani« (Wahrsager).

»*Datura tatula* (= *Datura stramonium* L. var. tatula) wird als »verlorenes Rauschmittel« der Shawnee gedeutet (TYLER 1992). Im Jahre 1676 wurde in Jamestown/Virginia ein Trupp Soldaten von ihrem Koch mit Salat aus Stechapfelblättern verköstigt. Die Soldaten verfielen in ein ausuferndes Delirium und benahmen sich wie die Idioten (...) Daraufhin wurde die Pflanze Jamestown weed genannt. Durch Abschleifung entstand daraus der Name Jimsonweed. In Mexiko wird *Datura stramonium* meist als »jüngeres Geschwister« von *Datura innoxia* betrachtet und gleichermaßen genutzt.«[54]

Die im mexikanischen Oaxaca lebenden Mixe definieren den Pflanzengeist der *Datura stramonium* als »alte Frau«. Sie nennen die Stechapfel-Art »ta:g'amih« (Großmutter) und bringen dem Deva bei der rituellen Stramonium-Ernte ein Gebet dar (siehe »*Datura innoxia* und das Erntegebet der Navajo«):

»Großmutter, tu uns einen Gefallen und heile die Krankheit, an der N. N. leidet. Hiermit bezahlen wir dich; wir nehmen von der Pflanze, damit wir sehen, welche Krankheit er/sie hat. Wir vertrauen darauf, daß du [die Krankheit] heilen wirst.«[55]

Überhaupt wird *Datura stramonium* in Mexiko vielerorts analog der *Datura innoxia* verwendet. Die mexikanischen Katholiken fürchten *Datura stramonium*, da sie meinen, die Pflanze sei des Teufels.

In Südamerika wird *Datura stramonium* vornehmlich als Orakel- und Divinationspflanze angesehen und gebraucht, aber auch um Krankheiten, z. B. solche der Psyche, zu behandeln oder unfolgsame Kinder zu erziehen.

Im Norden Amerikas wird Stramonium hauptsächlich als Additiv zu Kinnickinnick oder anderen Rauchmischungen verwendet und dient

54 RÄTSCH 1998: 209

55 LIPP 1991: 37; zitiert in RÄTSCH 1998: 210

ebenfalls der visionären Aufklärung von Krankheitsursachen und anderer divinatorischer Fragestellungen.

Die ausschließlich in Südkalifornien beheimatete ***Datura wrightii*** spielte eine wichtige Rolle als Initiationssakrament (siehe Seite 71 ff., »Übersicht Afrika«; ***Datura metel***).

»Die Chumash sahen in der Datura ein weibliches Geistwesen, die 'Alte Frau Momoy' (momoy ist der Chumash-Name für die Datura wrightii; BAKER 1994). Sie hatten Schamanen, die auf den Datura-Gebrauch spezialisiert waren und alshukayayich, 'der, der die Berauschung erzeugt' oder auf spanisch toloachero, 'Stechapfelgeber' genannt wurden (APPLEGATE 1975: 10, WALKER und HUDSON 1993: 43). Der Stechapfel wurde als 'Traumhelfer' betrachtet und von Schamanen oft zur Induktion prophetischer Träume verwendet. Am wichtigsten war der Stechapfel bei der Initiation der Knaben zu Männern. Vor der Einnahme des Trankes, der von der Großmutter des Initianden bereitet werden sollte, mußte man fasten und auf jeden Fall auf Fleisch verzichten. Während des Fastens wurde viel Tabak (...) geraucht (APPLEGATE 1975). Meist war der Initiand alleine, wenn er den Trunk erhielt und sich den dadurch ausgelösten Visionen hingab. Er wurde entweder in einer Höhle oder einer Behausung sich selbst überlassen. Alle Fragen, die er hatte, konnten nur noch vom Datura-Geist beantwortet werden; denn es hieß, 'der Stechapfel lehrt dich alles'. Besonderer Wert wurde darauf gelegt, im visionären Zustand einen geistigen Verbündeten in Form eines Tieres (Koyote, Habicht usw.) zu finden. Der Initiand fiel meist für etwa 24 Stunden in ein Delirium, aus dem er nur zögerlich erwachte. Anschließend wurden zusammen mit dem Datura-Schamanen die Visionen gedeutet und als Plan für den weiteren Verlauf des Erwachsenenlebens interpretiert (APPLEGATE 1975).«[56]

Die ebenfalls in Kalifornien lebenden Stämme der Coahuilla, Diégueno, Dumna, Gabrielino, Kawaiisu, Luiseno und Yokuts nutzen die ***Datura wrightii*** auch als Initiationspflanze für Rituale, in welchen Jugendliche zu Erwachsenen werden.

---

[56] RÄTSCH 1998: 215 (vgl. APPLEGATE 1975, WALKER et HUDSON 1993)

Des Weiteren wird ***Datura wrightii*** unter anderem bei den Miwok als Orakel und Divinationsgewächs, aber auch als Mittel zum Schadenzauber angewandt.

Brugmansia

Alle Brugmansia-Arten sind in Amerika heimisch. Der sakrale Gebrauch der Engelstrompeten wird nur auf diesem Kontinent in erwähnenswerter Weise zelebriert. Die chilenischen Indianer der Mapuche erziehen mit den halluzinogenen Engelstrompeten widerspenstige Kinder. Die kleinen Nervensägen werden mit Brugmansia berauscht und dann, in Anwesenheit der Götter, gemaßregelt und zurechtgewiesen. In der Vergangenheit narkotisierten kolumbianische Chibcha mit Brugmansia Frauen und Sklavinnen ihrer verstorbenen Häuptlinge, um sie dann bei lebendigem Leib zu begraben. Die im westlichen Stromgebiet des Amazonas beheimateten Shuar-Indianer betrachten Maikua (***Brugmansia arborea***) als mächtigste, aber gleichzeitig auch gefährlichste Zauberpflanze. In Südamerika werden die Borrachero und Borrachera[57] (Trunkenmacher) genannten Brugmansia-Arten für magische Zwecke und Rituale aber auch hedonistisch als Rauschmittel gebraucht. Der Samen wird als Chicha-Beimischung benutzt, aus Blättern und Blüten wird Tee gekocht oder das getrocknete Kraut wird geraucht.
In Peru wird aus dem meskalinhaltigen Kaktus ***Trichocereus pachanoi*** (San Pedro) ein entheogener, heilender oder aphrodisierender Trunk bereitet. Diesem werden traditionell Brugmansia-Blätter und andere Pflanzen beigemischt, um ihn in der Wirkung zu potenzieren.
Im peruanischen Amazonasgebiet bereiten Curanderos (schamanische Heiler) ein Gegenmittel für die »Pusanga« genannten Hexentrünke, welche meist von schwarzmagisch orientierten Schamanen hergestellt und verbreitet werden. Der Ayahuasquero Don Hilde mischt ein solches

57 Borrachero (maskulin) bzw. Borrachera (feminin) kommt vom Spanischen »borracho«, was soviel wie »berauscht« oder auch »betrunken« heißt, und wird in Lateinamerika als Bezeichnung für viele psychoaktive Pflanzen verwendet.

»Antidot« aus ***Brugmansia suaveolens***, Knoblauch, Kampfer, Zwiebeln und Duftwasser.[58]

Unter dem Namen ***Datura arborea*** widmet LOUIS LEWIN in seinem Phantastica dem Engelstrompetenbaum (***Brugmansia arborea***) ein ganzes Unterkapitel, welches ich hier bis auf den letzten Absatz zur historischen Anschauung wiedergebe:

»In den gleichen Wirkungsbahnen wie die der bisher geschilderten Nachtschattengewächse bewegen sich die von ***Datura arborea*** beobachteten, deren Verwendungstätten sich bei südamerikanischen Stämmen des oberen Amazonas und weiter nach Norden hinauf finden. Die Jibáros nennen Pflanze und daraus bereitetes Getränk 'Maikoa', die Canelos-Indianer 'Guantuc' (huantuc). Es ist ein Strauch, der wild in Ecuadors Wäldern, auch in subtropischen Gebirgsgegenden vorkommt, und von Indianern, die die Pflanze auch kultivieren, für einen Rauschtrank verwendet wird, um im Rausche Offenbarungen von Geistern zu bekommen. Nach den Beobachtungen von KARSTEN wird die Rinde abgekratzt und in Kalabassen ausgepresst, bis etwa 200 Gramm Saft erhalten sind. Dies ist die einmalige Dosis. Sie wird entweder zu Hause oder in dem für diesen Zweck gebauten 'Träumer-Rancho' getrunken. Etwa drei Tage bringt der Indianer in ihm zu. Nur eine unreife, geröstete Banane darf er täglich zu sich nehmen, aber beliebig viel Tabakwasser, d.h. ein stark wässriges Tabakextrakt und den Daturasaft. Auch wenn bei den Jipáros am Rio Upano oder Santiago die Knaben mannbar werden, trinken diese bei dem hierfür eingerichteten Feste 'Maikoa'. Ungezogenen Jungen wird Maikoatrinken unter Fasten als Radikalkur auferlegt. Zauberer trinken es, um Krankheiten zu heilen, aber auch um ihre Feinde aus dem Rauschzustande heraus behexen zu können. Ehe er die Schale leert, läßt er einen Beschwörungsgesang ertönen. Krieger trinken es vor dem Kriegszug, um zu erfahren, ob sie bedroht sind, lange leben würden usw., und andere trinken es, um von Geistern in irgendeiner Wunschart beraten zu werden oder innerlich zu ›sehen‹. Die Wirkungen werden durch exzessive Bewegungsimpulse eingeleitet. Be-

---

[58] RÄTSCH et MÜLLER-EBELING 2003: 565 [zitiert aus: DOBKIN DE RIOS 1992: 130]

sonders noch nicht daran Gewöhnte schlagen mit Waffen, Stöcken usw. um sich. Der Tobsuchtszustand, der dem durch Belladonna erzeugten ähnelt, kann so stark werden, daß der Sinnlose von seinen eigenen Leuten gefesselt werden muß. In diesem Zustande spricht er verworren und lässt Sinnestäuschungen erkennen von der Art, die ich schon geschildert habe. Bei dem Jünglingsfeste der Jibáros wird der Junge, der Maikoa getrunken, alsbald von hinten mit beiden Armen umfaßt und gehalten, bis das bei jedem dieser Trinker auf das Erregungsstadium folgende zweite, das Narkotische, sich einstellt. In ihm vor allem zeigen sich die ›Gesichter‹, die schönsten Nutzpflanzungen, die besten Nutztiere, große Biertöpfe und alles, was sonst das Herz der Jibáro erfreut.«[59]

Alexandre Rouhier berichtete 1927:
»Die Huantopflanze ist eine schöne Solanäe mit großen weißen Blumen (***Datura arborea***). Sie ist in dem ganzen tropischen Amerika verbreitet. Ihre Giftwirkung ist sehr groß. Bei den Zaparo-Indern des Äquators bereitete man aus ihr ein Prüfungsgetränk für diejenigen, welche sich dem Berufe der Zauberei widmen wollen. Die Wirkung ist sehr stark und die Versuchsperson bleibt während zwei oder drei Tagen in vollständiger Bewußtlosigkeit. 'Aber bei ihrem Erwachen aus dem Lande der Träume macht sie wertvolle Angaben über die Zukunft, über die etwaigen Feinde usw. und sie genießt infolgedessen verdienterweise Hochachtung und Glauben.' (...) Die Blumen der Huantopflanze haben narkotische Eigenschaften. Die Inder glauben, daß sie den Menschen gestatten, die Verbindung zwischen der Wirklichkeit dieses Lebens und der Unwirklichkeit des andern Lebens herzustellen, und daß sie das Hellsehen hervorrufen, was die spanischen Missionare in die Worte übersetzten, daß sie als Vermittler zwischen dem Teufel und den Menschen dienen.«[60]
Blattpaare der ***Brugmansia x candida*** werden zu divinatorischen und schamanisch therapeutischen Zwecken in Kolumbien verwendet. Die

---

59 Lewin 1926/2000: 184–185
60 Rouhier 1927: 9 + 10

Sibundoyi-, Kamsá- und Ingaindianer bereiten meist einen Kaltwasserauszug aus ein bis zwölf Blattpaaren, welcher rituell getrunken wird. Drei bis sechs Blüten der ***Brugmansia x candida*** werden in Mexiko als Datura-Substitut diagnostisch und hellseherisch benützt. Die Tzeltalen rauchen die trockenen Blätter dieser Engelstrompete.[61] Die Samen von ***Brugmansia sanguinea*** werden auch heutzutage in Peru in den Kaffee oder ins Bier gegeben.

Brugmansia x insignis wird in Peru und Kolumbien von Schamanen diagnostisch genutzt und ist die wichtigste Schamanenpflanze der Mashco, einem Stamm des peruanischen Amazonasgebietes. Die Mashko haben für die Einnahme dieser Engelstrompete ganz klare Regelungen und Richtlinien aufgestellt, die uneingeschränkt einzuhalten sind.

»Die Einnahme muß nachts geschehen; der Trinker muß unbedeckt mit offenen Armen auf dem Boden oder einer Plattform liegen und den nächtlichen Himmel über sich betrachten können; die Flüssigkeit muß direkt mit den Lippen aus dem Topf getrunken werden, ohne dabei den Topf zu berühren; der oder die Assistenten dürfen nicht mit dem Trinker sprechen, auch wenn dieser sie dazu ermuntert; wenn die Sonne aufgeht, muß der Trinker ganz nackt in das Wasser des nahegelegenen Baches oder Flusses getaucht werden, damit sich die letzten Effekte des Trunkes verziehen. In den Wochen nach der Einnahme muß der Trinker eine bestimmte Diät einhalten. Er darf auf keinen Fall bestimmte Fische und Vögel sowie Bananen und Zuckerrohr verspeisen, er würde sonst an Fiebern, Hautflecken oder Magenbeschwerden erkranken. Der Trunk wird gewöhnlich dann eingenommen, wenn ein verlorenes oder gestohlenes Objekt lokalisiert, wenn die Zukunft erkundet, Krankheiten geheilt oder der Körper erneuert werden sollen. Die Mashco glauben, daß sich unter dem Brugmansia-Einfluß der Körper erneuert oder verjüngt, dadurch allerlei Krankheiten geheilt werden (...) und ein längeres Leben erwartet werden kann.«[62]

---

61 Rätsch 1998: 100
62 Rätsch 1998: 103; Califano et Fernández Distel 182 : 135f.

Der aus ***Brugmansia sanguinea*** bereitete Tonga-Trank war schon in vorspanischer Zeit bekannt. Bis heute wird Tonga von Schamanen und Divinatoren zu entheogenen, diagnostischen Zwecken benutzt.

Brugmansia suaveolens wird am häufigsten von Schamanen verwendet. Größtenteils macht man sich die divinatorischen und diagnostischen Möglichkeiten zunutze. Dazu wird entweder ein Aufguss aus dem Pflanzenmaterial bereitet (Jíbaro, Achuar), der Stängelsaft ausgepresst (Jíbaro) oder das Kraut geraucht (Tzeltalen). Die Jíbaro geben den Brugmansia-Saft ihren ungehorsamen Kindern, damit diese vom Pflanzengeist im Rausch erzogen werden. Die Achuar und Kofán geben ihren Hunden ***Brugmansia suaveolens*** zu essen, um so deren Jagdfähigkeit zu steigern.

Obgleich ***Brugmansia versicolor*** zu den wichtigsten Brugmansia-Arten der ecuadorianischen und peruanischen amazonischen Schamanen zählt, ist kaum etwas über dieses Gewächs publiziert. Vermutlich wird diese Brugmansia analog ihrer Verwandten verwendet. ***Brugmansia versicolor*** wird als Ayahauscaadditiv verwendet (siehe Seite 124 ff., »Exkurs: Brugmansia und Ayahuasca«).

Australien

Datura

In Australien ist ***Datura leichhardtii*** heimisch. Hier nennt man sie volkstümlich Schafmörder, »Killer of sheep«, und verwendet sie als Pituri-Substitut.

Brugmansia

Keine heimischen Brugmansia-Arten in Australien.

Europa

Datura

In Europa sind ***D. stramonium*** und ***D. innoxia*** heimisch. Kultivierte Exemplare von ***Datura metel*** werden ab Mai in vielen Gartencentern angeboten.

Datura stramonium wurde im 16. Jahrhundert in Europa eingeschleppt und war zusammen mit seinen Verwandten Tollkirsche (***Atropa belladonna***) und Bilsenkraut (***Hyoscyamus niger***) meist fester Bestandteil der Hexensalben und Hexenrituale. Der Gemeine Stechapfel wurde und wird auf dem europäischen Kontinent oftmals mit »Zigeunerkultur« assoziiert. Diese Tatsache könnte darin begründet sein, dass die rituelle Räucherung der Stramonium-Samen auf eine Tradition der Zigeuner zurückgeführt wird. Diese nutzen den Stechapfel zur Vertreibung beziehungsweise Einladung verschiedener Geister oder auch als Orakel:

»In der Andreasnacht (30. November) läßt man Stechapfelsamen draußen im Freien liegen und wirft sie dann am nächsten Morgen ins Feuer. Wenn die Samenkörner mit lautem Gekrache verbrennen, dann wird der Winter trocken, aber sehr kalt werden. (…) Die Zeltzigeuner befragen, um zu erfahren, ob ein Kranker gesund wird oder nicht, die 'Zaubertrommel'. Eine Tierhaut wird mit Strichen versehen, von denen jeder eine besondere Bedeutung hat. Auf diese Haut werden 9 bis 21 Stechapfelsamen gestreut und diese durch ein bestimmte Anzahl von Schlägen (9 bis 21) mittels eines kleinen Hammers in Bewegung versetzt. Die Lage der Körner auf oder zwischen den Strichen lässt dann auf Genesung oder den Tod des Kranken schließen. Dasselbe Verfahren wird auch bei kranken Tieren oder um gestohlenes Gut wiederzuerlangen, geübt.«[63]

»Die Zigeuner haben den Samen zu Orakelzwecken eingesetzt und auch als magisches Mittel zur Abwehr z. B. des Blitzes benutzt. Des-

---

63 Marzell 1922: 173 f.; zitiert in Rätsch 1998: 211

halb wurde der Stechapfel auch Donnerbeere genannt (...). Mittels gewisser Manipulationen mit dem Stechapfelsamen, glaubten die Zigeuner, Gesundheit und Tod bei Menschen und Tieren, sowie Erfolg und Misserfolg geplanter Unternehmen voraussagen zu können. Sie stellten auch ein Pulver aus Tollkirsche und Stechapfel mit der Bezeichnung 'Dur' her, welches sie zur Beseitigung unerwünschter Personen eingesetzt haben sollen (...) Diese Zigeuner hatten den Übernamen ›Dhatureas‹ oder Daturavergifter. Pulewka (1949) berichtete von Massenvergiftungen in der Türkei durch mit ***Datura stramonium*** verunreinigtem Brotmehl.«[64]

JOHNSTON berichtete 1854 als Zeitzeuge von verschiedenen Verwendungszwecken der Datura in Europa und auf anderen Kontinenten.

»Der gemeine Stechapfel (***Datura Stramonium***) ist in Europa lange als narkotisch bekannt. In Deutschland und Frankreich soll der Samen nicht selten zur Verübung von Verbrechen benutzt werden. In Rußland setzt man ihn zum Biere zu, um es berauschend und zu Kopfe steigend zu machen, ein Gebrauch, der früher auch in China herrschte, aber jetzt seit langer Zeit verboten ist (...).«[65]

Um die betäubende Wirkung des Alkohols zu potenzieren, wurde dem Bier auch in Deutschland einige Zeit Datura-Samen beigemischt.

Johnston erläutert weiter (man achte darauf, mit welcher Verachtung er über die Indianer schreibt):

»Mehrere Schriftsteller sind der Meinung, daß die Priester des Tempels von Delphi in alten Griechenland sich solcher Stechapfelsamen zur Hervorbringung jener wahnsinnigen Verzückungen bedient haben, welche damals als Weißsagungen galten (...) Ist es schon überhaupt merkwürdig genug zu sehen, wie ähnlicher Mittel und Kunstgriffe sich der Priestertrug fast überall bedient hat, um das leichtgläubige Volk zu täuschen, so muß es gewiß auf das Höchste überraschen, wenn die Priester des Apollo in dem klassischen Griechenland zur Zeit seiner

---

64 VANNINI et VENTURINI 1999: 37

65 JOHNSTON 1854: 135

höchsten Blüthe, um ihre intelligenten Stammgenossen hinter das Licht zu führen, in der That dieselbe wilde Pflanze benutzt haben sollten, deren sich die Priester der Sonne in den weit entfernten Gebirgen der Andes täglich bedienten, um die rohen und leichtgläubigen Indianer zu betrügen (...) In England werden die trockenen Blätter, sowie die ganze Pflanze häufig von Personen geraucht, die an gewissen Arten krampfhafter Brustbeklemmung leiden.«[66]

1855 beschreibt BIBRA in »Die narkotischen Genussmittel und der Mensch« die Anwendung der Datura in der Türkei:
»Die Samen der ***D. metel*** sollen in der Türkei bisweilen den Präparaten von Haschisch und Opium beigesetzt werden, um sie kräftiger und berauschender zu machen. Auch schreibt man ihnen allerlei medicinische Kräfte zu. Sie werden mit Sesamöl auf Geschwüre und eiternde Wunden gelegt, und sind gegen Flechten und Ausschläge gut. Ebenso benützt man sie gegen das Wechselfieber.«[67]
Zur weiteren (volks-)medizinischen Anwendung des Stechapfels, welche lange Zeit in Europa nicht selten gewesen ist (siehe Seite 88 ff.).

Mit einem Zitat von GUSTAV SCHENK aus dem »Buch der Gifte«, das eine interessante Begebenheit der Geschichte wiedergibt, möchte ich dieses Kapitel abschließen:
»Als sich die römischen Legionen im Partherkriege zurückziehen mußten, litten sie sehr unter Hunger. Sie nährten sich von Wurzeln und Kräutern, die sie zum Teil nicht kannten und in ihrer Wirkung erst an sich selbst erfahren mußten. Unter anderem fanden sie auch ein Kraut, das sie vergiftete und sie einem vorübergehenden Wahnsinn nahebrachte. Die verheerenden Folgen nach diesem fragwürdigen Genusse sind uns wörtlich überliefert worden: 'Wer etwas davon gegessen hatte, vergaß, was er bisher getan, und erkannte nichts.' In dieser vorübergehenden Geisteskrankheit nahmen sie auf einer Ebene jeden

---

66 JOHNSTON 1854: 134–137
67 BIBRA 1855: 143

Stein, den sie trafen, auf, wandten ihn um und legten ihn sorgsam wieder nieder. Bei dieser unsinnigen Beschäftigung verweilten sie lange Zeit. Die Giftpflanze, die die Legionäre zu sich genommen hatten, war unser Nachtschattengewächs Stechapfel, ***Datura Stramonium***.«[68]

Brugmansia

Keine heimischen Brugmansia-Arten in Europa. Als Zierpflanze weit verbreitet.

Datura und Brugmansia in der Medizin

Verwendung in der Volksmedizin und Heilkunde

Aus den Samen der ***Datura discolor*** bereiten die nordmexikanischen Serí-Indianer einen Aufguss, den sie bei geschwollenem Hals applizieren. Außerdem wird aus dem trockenen gemörserten Samenmaterial in Kombination mit Zimt, Zucker und Blättern des Wüstenlavendel ein medizinischer Tee hergestellt.[69]
Datura innoxia wird von den verschiedenen indianischen Stämmen auf vielseitige Art medizinisch verwendet: als Augenspülung, Analgetikum (Schmerzmittel), Aphrodisiakum, Brandwundenauflage, Desinfektionsmittel und Narkotikum (Betäubungsmittel), gegen Abschürfungen, Asthma, Atemnot, Bronchitis, Diarrhoe (Durchfall), Entzündungen, Geburtsschmerzen, Gelenkschmerzen, Husten, Muskelschmerzen, Rheuma, Schlangen- oder Spinnenbissvergiftung, Schwellungen, Verstopfung und Wunden sowie zur Behandlung von Hautkrankheiten und Knochenbrüchen.
Veterinärmedizinisch verwenden die Navaho ***D. innoxia*** zur Heilung und Linderung von Kastrationswunden bei Schafen.

---

68 Schenk 1954: 76
69 Felger et Moser 1991: 320, 366; wiedergegeben in Rätsch 1998: 195

Datura metel wurde und wird vor allem in der indischen Ayurveda eingesetzt, gegen Asthma, Bronchitis, Epilepsie, Furunkel, Geschlechtskrankheiten, Konvulsion, Kopfschmerzen, Krämpfe, Mumps, Muskelverspannungen, Nervenleiden, Rheuma, Schmerzen, Syphilis, Wahnsinn, Windpocken, Wunden sowie bei Opium-Überdosierung oder auch als Opium-Substitut.
Ansonsten wird ***D. metel*** gegen verschiedenste Krankheiten und Leiden appliziert: Delirium febris, Hautkrankheiten, Orchitis, Otitis, Pickel, Pocken, Schwachsinn, Wassersucht, Zahnschmerzen.
In der indonesischen Volksmedizin verwendet man verschiedene »Jamu« genannte Heilkräutermischungen im Grunde gegen und für alles. Neben anderen entheogenen und aphrodisischen Gewächsen, wie Muskat, Chili, Wermut, Pfeffer oder Ingwer, wird auch ***Datura metel*** als Beimischung zu den indonesischen Jamu verwendet.
Datura stramonium wurde und wird in Mittelamerika und anderenorts ebenso vielseitig verwandt wie ***Datura innoxia***, nämlich als Aphrodisiakum und Narkotikum sowie gegen Asthma, Bisse von tollwütigen Tieren, Darmbluten, Diaphragmitis (Entzündung des Zwerchfells) und Entzündungen im Allgemeinen, gegen Gicht, Katalepsie, Keuchhusten, Krämpfe, Krebs, Magenbluten, Meningitis (Hirnhautentzündung), Migräne, Nervenentzündungen, Nervenleiden, Nymphomanie, psychische Leiden, Ohrenkrankheiten, Rheuma, Ruhr, Schmerzen, Schuppen, Schwachsinn, Sonnenstich, Stottern, Tetanus (Wundstarrkrampf), Typhus, Zahnschmerzen und andere Erkrankungen oder Unannehmlichkeiten.
Historische Quellen finden sich bei RÄTSCH in »Indianische Heilkräuter«: »In der Pharmakopöe von VALERIUS CORDUS heißt er ***Hyoscyamus Peruvianus***. Gerard schrieb über die medizinische Verwertbarkeit: ›Der Saft des Stechapfels, mit Schweineschmalz gekocht, ergibt ein Unguentum oder eine Salbe, die alle Entzündungen, alle Verbrennungen und Verbrühungen von Feuer, Wasser oder flüssigem Blei, Schießpulver, Blitzschlag heilt. Und ich habe im täglichen Gebrauche gemerkt, daß es ein gutes Mittel sei.‹ Im 18. Jahrhundert wurde der Stechapfel in Europa nach indianischem Vorbild medizinisch genutzt. ELISABETH BLACKWELL:

›Die Blätter brauchen einige als ein kühlendes Mittel, wenn man sich gebrannt hat, und wider Entzündungen; der Samen hat eine schlaffmachende und betäubende Kraft.‹«[70]

Datura wrightii wird von den Indianerstämmen der Chumash und Kawaiisu bei Arthritis, Knochenbrüchen, Rheuma, Schlangenbissen, Schmerzen, Schwellungen und Verletzungen angewendet.
Brugmansia arborea wurde und wird in Peru zur Behandlung von Tumoren sowie als Anästhetikum eingesetzt.
Brugmansia aurea und ***B. candida*** werden äußerlich zur Behandlung von Entzündungen, Erkältungen, Fieber, Muskelkrämpfen, Prellungen, Schüttelfrost, Schwellungen, Tumoren und Wundrosen verabreicht.
Brugmansia x insignis findet als Sedativum (Beruhigungsmittel) und zur Bekämpfung von Entzündungen und Schmerzen Verwendung.
In Kolumbien und auch in Peru kommt ***Brugmansia sanguinea*** als Medizin gegen Arthritis, Entzündungen, Infektionen und Rheuma zum Einsatz, ***Brugmansia x candida*** hingegen wird bei Entzündungen, Erkältungen, Muskelkrämpfen und Wundrose appliziert.
Brugmansia suaveolens gilt als Erfolg versprechendes Mittel bei Ausschlägen, Geschwüren und Wunden, Kriegsverletzungen und Schlangenbissen. Außerdem wird ***B. suaveolens*** als Aphrodisiakum verabreicht. Die Lakandonen verwenden die Engelstrompete manchmal veterinärmedizinisch, beispielsweise gegen Ausschlag bei Hühnern.
Brugmansia versicolor wird unter gegebenen Umständen auch zur Geburtenkontrolle verwandt.
Zum Abschluss dieses Kapitels möchte ich ein kurzes auf die Brugmansia-Arten bezogenes originelles Zitat von SCHULTES ET JARAMILLO-ARANGO anführen:
»Weil die Floripondio-Blüten (= Brugmansia) des Nachts einen Moschusgeruch verströmen, werden sie auch ‘almizclillo’ (= kleiner Moschus) genannt. Die Blätter, zerstoßen und mit Schmalz vermischt, sind ein ausgezeichnetes Mittel gegen Eiter und Geschwüre.«[71]

---

70 RÄTSCH 1987: 258–259

Verwendung in der Schulmedizin

In der Ophtalmologie (Augenheilkunde) wird Atropin als wichtiges Medikament eingesetzt. Das Datura-eigene Atropin wurde und wird als Ausgangsmaterial zur Herstellung des Pharmazeutikums genutzt. Ähnliche Wirkungen hat das ebenfalls im Stechapfel vorkommende Scopolamin. Atropin findet weiterhin Verwendung als Antidot (Gegengift) bei verschiedenen Intoxikationen und wird in der pädiatrischen Operationsvorbereitung (Kinderanästhesie) zur Narkoseeinleitung benutzt. Einige Zeit gab es in der Apotheke so genannte »Asthma-Zigaretten«, welche gerollte Stechapfelblätter (***Datura stramonium***) enthielten. Solche Zigaretten werden in der mexikanischen Volksheilkunde bis heute bei Asthma-Leiden verabreicht.

Über ein weiteres Anwendungsgebiet ist in »Indianische Heilkräuter« zu erfahren: »Neuerdings hat die Schulmedizin auch die antikeloide Wirkung, also die narbenwulstbeseitigende Eigenschaft des Stechapfels erkannt. Mit der hyoscyaminhaltigen Kelosoft-Salbe werden seit einiger Zeit sehr erfolgreich schmerzende Narbenwülste behandelt.«[72]

Mexikanische Psychiater setzen ***Datura ceratocaula*** in Kombination mit Ketamin als Psychotherapeutikum ein (siehe Seite 24ff., Monografie ***Datura ceratocaula***).

Verwendung in der Homöopathie

Stramonium (»***Datura stramonium*** hom. HAB1«) wird in der Homöopathie gegen Asthma, Keuchhusten, Masern, Scharlach, Fieberkrämpfe, Epilepsie, Krämpfe, Rückenmarkserkrankungen, Delirium tremens, Halluzinationen, Nymphomanie, Manien, Neuralgien, nervöse Leiden und verschiedene Geisteskrankheiten eingesetzt.

---

71 SCHULTES et JARAMILLO-ARANGO 1995 (auch zitiert in: RÄTSCH et MÜLLER-EBELING 2003: 497)

72 RÄTSCH 1987: 260

Das globuline Medikament ist in Potenzen bis D3 in Deutschland verschreibungspflichtig, Verdünnungen darüber, also Potenzen über D3, sind rezeptfrei in der Apotheke erhältlich.

Das homöopathische Prinzip wird in einem wunderbar passenden Zitat von 1762 in VANNINI ET VENTURINI dargestellt:

»Wenn Stramonium (Stechapfel) durch Verwirrung des Geistes Gesunde geisteskrank macht, warum darf man dann nicht den Versuch machen, ob es nicht, indem es den Geisteskranken und Verrückten die Gedanken und die Sinne stört und ändert, Geistesgesundheit geben und den mit Krämpfen Behafteten andererseits die Krämpfe nehmen könne?«[73]

Es existieren auch Kombinationspräparate wie »Stramonium Pentarkan«, das aus Calciumphosphat, ***Datura stramonium***, Passiflora, Strychnos (Ignatiusbohne) und Zink besteht. Der Bio-Pharma-Hersteller Weber & Weber aus Inning bei Ammersee, produziert die Asthmavowen Tropfen, ein homöopathisches Komplexpharmakon, welches Bestandteile von Datura stramonium enthält.

Aus ***Brugmansia arborea*** werden die homöopathischen Medikamente »Datura arborea hom. HAB34« und »Datura arborea hom. HPUS78« gewonnen, welche der Stramonium indikationsgleich verwendet werden.

Quellen für diesen Abschnitt: BAUEREIß 1993, OTT 1993, RÄTSCH 1987, RÄTSCH 1996, RÄTSCH 1998, SCHULTES et HOFMANN 1998

Datura und Brugmansia als Aphrodisiakum

Datura, besonders ***Datura stramonium***, ist weltweit als Aphrodisiakum in Gebrauch. ***Datura metel*** ist in Indien die »Pflanze der Liebesgötter« und oftmals Bestandteil der Vajikarana genannten Aphrodisiaka oder der gleichnamigen ayurvedischen aphrodisischen Therapie.

---

73 VANNINI et VENTURINI 1999: 487 (zitiert aus DORCSI 1992; Original in STOERK 1762)

Einführend ein kleines Zitat aus »dem Reiche der Drogen«, welches den Geist der Gesellschaft widerspiegelt:
»Als Giftstoffe von besonders unangenehmem Charakter, die zu Liebesgetränken Verwendung gefunden haben, gehören in die erste Reihe die tropeinhaltigen Nachtschattengewächse und voran unter diesen der Stechapfel, ***Datura Stramonium***, dessen Samen in weinigem Auszug oder als Pulver eingegeben wurde, und das schwarze Bilsenkraut, ***Hyoscyamus niger***. Der Stechapfel galt stets als ein Mittel der Hurenwirte, schlimmer Mädchenverführer, entarteter Buhlerinnen und frecher Wollüstlinge, um ihre Opfer außer in einem Zustand von mehr oder minder starker Besinnungslosigkeit noch in den der geschlechtlichen Raserei zu versetzen.«[74]

Es werden allerlei erotisierende, sexuell anregende Mittel aus Blüten, Blättern und Samen des Stechapfels hergestellt: Liebestränke, Räucherungen und Rauchmischungen, Salben und Zaubermittel. Die einzelnen Produkte, Mischungen und sonstiges werden in den vorhergehenden oder folgenden Kapiteln dargestellt.
Im »Lexikon der Liebesmittel« findet sich ein repräsentatives Zitat von 1734 bezüglich des Gebrauchs von Stechapfel als Mittel gegen durch Hexerei verursachte Impotenz:
»Nimm das Kraut von Stechäpffeln, thue es in einen neuen Topff und geuß von des Patienten Urin dran, koche alles in einem wohlvermachten Hafen bey langsamen Feuer, darnach vergrabs in die Erde an einen unwegsamen Ort. Gemeiniglich geschiehet es, daß die böse Leute nach geschehener Kochung mit grössestem Schmertzen Blut von sich geben müssen, wenigstens empfinden sie sehr hefftige Schmertzen, solange biß sie den Bezauberten wiederum gesund gemacht haben.«[75]

In Mexiko ist Toloache (***Datura innoxia***) seit alters her eines der wichtigsten und heiligsten Liebesmittel. Um sich gegenseitig die Liebe zu

---

[74] Gilg et al. 1926: 144–145

beteuern und um einen Liebeszauber zu bewirken, bringen sich yucatekische Maya bis auf den heutigen Tag Toloache-Blüten dar. Die getrockneten Blätter der ***Datura innoxia***, mit ihrer erotisierenden Wirkung, werden vom Liebespaar kurz vor dem Akt geraucht.
In Zentralmexiko ist der Toloache-Ritus einschließlich des damit verbundenen Liebeszaubers vereinzelt bis in die Kirche vorgedrungen. Den katholischen Regeln folgend wird ***Datura innoxia*** dort als Santo Toloache (Heilige Toloache) bezeichnet.
Im Südwesten der USA nutzen die Costanoan ein Gemisch aus Toloache-Samen und Tabak, das während eines Liebesrituals geraucht wird.
Die Engelstrompete ist eine wichtige aphrodisische Duftpflanze. Allerdings ist besonders zu beachten, dass alle Brugmansia-Arten stark Alkaloid-haltig und deshalb in der Verwendung mit äußerster Vorsicht zu genießen sind. So heißt es, wer unter einer Brugmansia schläft, wird die schönsten erotischen Träume genießen. Das ist ein deutlicher Hinweis auf die beeindruckend mächtige entheogene Wirkung der Pflanzen.
Die Differenzierung zwischen der Verwendung von Datura und Brugmansia als Entheogen oder Aphrodisiakum ist eher schwieriger. In diesem Abschnitt beziehe ich mich ausschließlich auf absolut typische Beispiele. Weitere traditionelle Anwendungen der Pflanzen als Liebesmittel werden in den verschiedenen Abschnitten und Kapiteln behandelt (siehe auch Seite 115 ff.).
Im »Lexikon der Liebesmittel« geben CHRISTIAN RÄTSCH und CLAUDIA MÜLLER-EBELING zwei Rezepte für aphrodisische Brugmansia-Trünke. Für einen aphrodisierenden Aufguss übergießt man eine Brugmansia-Blüte mit heißem Wasser und lässt diese etwa zehn Minuten ziehen. Eine andere Möglichkeit ist die Zubereitung mit Alkohohl. Beispielsweise setzt man bis zu vier Brugmansia-Blätter in Schnaps an.
Natürlich ist bei solchen – auch niedrig dosierten – Mengen nicht klar, wieviel Alkaloid man tatsächlich zu sich nimmt. Eine wesentlich si-

---

[75] RÄTSCH et MÜLLER-EBELING 2003: 652 (zitiert aus: PAULLINI 1734)

cherer zu kontrollierende Aufnahme der Pflanzenwirkstoffe ist das Rauchen der getrockneten Blätter und Blüten, manchmal sogar der Samen. Beim Rauchen von Engelstrompete stellt sich in der Regel relativ schnell ein erotisierendes Prickeln im ganzen Körper ein. Dies verstärkt sich in hohem Maße in Kombination mit Cannabis.

Im südindischen Karnataka bereitet man aus Samen der ***Datura metel***, Blättern der ***Solanum nigrum*** L. (Schwarzer Nachtschatten) und der Wurzel des Korallenbaumes (***Erythrina*** spp.) ein erotisierendes Tonikum.[76]

Das Anangaranga, neben dem Kama Sutra wohl das populärste Liebesbuch Indiens, kennt ein tantrisches Rezept zur Herstellung eines stark wirksamen, vermutlich auch psychoaktiven Aphrodisiakums: Körner vom Schwarzen Pfeffer (***Piper nigrum***), Stechapfelsamen (***Datura metel***), eine Pinpallischote (***Piper longum***) oder Betelpuder (***Areca catechu***), Lodhraschale oder Nonifrucht (***Morinda citrifolia***) mit hellem Honig zerreiben und auf den Penis auftragen.[77]

Auf der indonesischen Insel Java genießt man eine Rauchmischung aus Zigarettentabak und getrockneten, zerbröselten Samen der ***Datura metel***.

Auf den Philippinen raucht man aphrodisierende Joints oder Pfeifen mit Blättern der ***Datura metel***.

Zum Abschluss dieses Teils zitiere ich aus einem mittlerweile schwer erhältlichen Artikel von Christian Rätsch:

»Die Maya-Frau, in deren Garten die (…) Datura-Pflanze wuchs, gab uns bisher unbekannte Informationen zum Gebrauch der Doppeltrompetenblüten. In Santa Elena ist es Brauch, einem jungen Paar einige dieser Blüten zu übergeben. Der jungen Frau und dem jungen Mann wird je eine Doppeltrompetenblüte überreicht. Den Blüten wird die zauberische Kraft zugeschrieben, die beiden in Liebe miteinander zu vereinigen (u lól ku yahkúntikech 'die Blüte macht dich liebend') und für eine lange und glückliche Ehe zu sorgen. Menschen, die von

---

76 Rätsch et Müller-Ebeling 2003: 415

77 Rätsch et Müller-Ebeling 2003: 440 (zitiert aus: Anangaranga 1985)

der Kraft der Datura nichts wissen, können auf diese Weise ohne ihr Wollen zusammengebracht werden. Weiterhin sagte die Frau über den Gebrauch der Samen: 'wá ka lúk'ik u nék' ka bin a wílik bá'l'(Wenn du die Samen schluckst, wirst du Dinge sehen). Die getrockneten Blätter sollten geraucht aphrodisierend wirken: 'ku yántikech yétel a watán' (sie helfen dir mit deiner Frau).«

In einem Experiment, das nicht wie sonst üblich durch eine kundige Indianerin überwacht wurde, testete CHRISTIAN RÄTSCH gemeinsam mit einer nicht-indianischen Partnerin einige der getrockneten Blätter:

»Nachdem wir beide vier (je zwei) Blätter der Datura aus Yucatán mit tiefen Lungenzügen, die sehr angenehm waren, geraucht hatten, zeigten sich schon nach wenigen Minuten erste Wirkungen. Der schummrige mit Kerzen erleuchtete Raum hüllte sich in einen dünnen Nebel, der die Raumdimensionen verschluckte und nicht höher als bis zu unserer Größe schwebte. Danach leuchtete der Nebel kurz auf und ließ die Konturen des Raumes verschwinden; plötzlich war der Nebel verschwunden und der Raum sah genauso aus wie zuvor. In uns breitete sich eine angenehme Ruhe und Zufriedenheit aus und wir hörten Musik, die teils deutlicher, teils aber auch undeutlicher als gewöhnlich wahrnehmbar war.

Dann begannen die körperlichen Phänomene: Die Haut bekam eine ungeahnte Sensibilität. Ein einfaches leichtes Streicheln wurde zu einem erfüllten zärtlichen Erlebnis. In unseren Unterleibern sammelte sich plötzlich so schnell das Blut, daß es uns nach Vereinigung drängte. Die normalen sexuellen Funktionen waren extrem gesteigert. Jede Form des erotischen Austausches und der sexuellen Aktivitäten war von besonderer Köstlichkeit. Die Dauer bis zum Orgasmus war viel länger als gewöhnlich und der Orgasmus selbst schien sich über Minuten hinauszudehnen. Während der Phase der sexuellen Aktivität waren wir beide angenehm gedankenfrei, enthemmt und sehr auf den Augenblick konzentriert. Diese Wirkung hielt die ganze Nacht an, so daß es zu vielen Vereinigungen kam. Am nächsten Morgen, nach einem kurzen Schlaf mit erotischen Träumen (!), erwachten wir mit klarem Bewusstsein, einem sehr wohlig-warmen Gefühl im ganzen Körper, immer noch übersensibler Haut und einem trockenen Hals. Mir und meiner Partnerin war dieses Experiment zu einem schönen Erlebnis geworden.«[78]

Stechapfelblüten (***Datura stramonium***) auf einem Lingam (Steinphallus) bei dem wichtigsten Shiva-Heiligtum, Pashupatinath, Kathmandu, Nepal. Shiva wird dort als »Herr der Tiere« verehrt.

---

[78] Rätsch et Probst 1985: 1139

Die typische gelbe Blüte des Kürbis (***Curcubita pepo*** L., ***Curcubitaceae***), fotografiert auf einem Maismischfeld (Milpa) der Lakandonen von Naha', Chiapas, Mexiko (1981).

Datura innoxia, ungewöhlich stark gewölbte Blüte. In dieser Ansicht erinnert die Stechapfelblüte stark an eine Kürbisblüte.

Squash Blossom-Ketten

Claudia Müller-Ebeling et Christian Rätsch

Kürbisblüten oder Stechäpfel – Die Entschlüsselung eines indianischen Symbols

I have changed into the Jimson-weed Young Man,
Sun's flexible headplume is my headplume as a rule, light …
Navajo-Liebeszauber
(Haile 1978: 33)

Die Schmiedekunst der Navajo-Indianer (Südwesten Nordamerikas) brachte einen Ketten-Typus hervor, der landläufig und in der populären Literatur als ***squash blossom necklace*** (»Kürbisblüten-Kette«) bezeichnet wird. Unsere im Navajo-Land gesammelten ethnographischen Informationen und ikonographischen Deutungen ergaben jedoch, dass die Ornamente keine Kürbisblüten darstellen, sondern die kultisch wesentlich bedeutsameren Blüten des heiligen Stechapfels (Datura). Squash blossom ist ein weit verbreiteter Deckname für die im Geheimen angewandte und verehrte Datura (Hill 1938, Kluckhohn 1967).

Die so genannten Squash Blossom-Ketten

Die so genannten Squashblossom-Ketten (Kürbisblütenketten) gehören zu den frühesten Silberschmiedeerzeugnisse der Navajo. Alte Fotografien von 1880 bis zirka 1930 zeigen Männer und auch Frauen der Navajo mit diesem typischen Halsschmuck (Frank und Holbrook II 1990). Sie bestehen aus einer Kette von Silberperlen, in deren Mitte sich einige blütenartige Motive einreihen. Sie umrahmen das zentrale Motiv das die Nava als Naja bezeichnen. Naja ist ein halbkreisförmiger Anhänger, der sich in zwei stilisierten Händen öffnet und in dessen Scheitelpunkt ein frei hängendes kreis- oder blütenförmiges Ornament angebracht ist. Die von uns befragten Navajoschmiede und -Schmuckhändler bestätigten, dass die squashblossoms in Wirklichkeit Stechapfelblüten darstellen!

Anklänge an das Naja-Motiv

Bereits im antiken Delos, der heiligen Insel des göttlichen Zwillingspaares Artemis und Apollon, wurden goldene Anhänger an schlichten goldenen Ketten gefunden, die an die Komposition der Naja erinnern. Sie stammen aus hellenischer Zeit (Zaphiropoulou 1993: 84). Außerdem erinnert die Naja an das Na'a-tse-elit-Motiv (ein Regenbogen-yei), das in der Sandmalerei sehr häufig als halb runder zeremonieller Schutz dargestellt wird (Baatsoslanii Joe und Bahti 1978: 9). Der Regenbogen ist bei den Navajo ein Gefährt der Schamanen und Symbol ihrer Schamanenreise (Haile 1987: 13). Ebenso erinnert der Halbkreis der Naja an das europäische Glückssymbol des Hufeisens (Lawrence 1896).

Eine aus Silber und Türkis gefertigte naja der modernen Navajos. Diese Anhängerform wird im Handel und in der populären Literatur als squash blossom (»Kürbisblüte«) bezeichnet. Nach Aussage des Silberschmiedes, von dem dieses Stück erworben wurde, handelt es sich jedoch um die Darstellung des Datura-Geistes. Der Türkis ist das Symbol des Lebens, die dreiblättrige Spitze ist die Knopse der Datura und die halbkreisförmigen Arme symbolisieren die Kraft des Geistes, der die Teilnehmer einer Datura-Zeremonie während der Ekstase miteinander verbindet, zusammenhält und schützt.

Die formale Entwicklung der Ketten

Die Kunst kennt nicht nur lineare Entwicklungen. Die Beherrschung des Handwerks und der künstlerische Rang sind immer abhängig von individueller Begabung. So gibt es zu allen Zeiten vergleichsweise primitive Schmuckstücke neben höchst anspruchsvollen Silberschmiedeerzeugnissen. Ab zirka 1860 wandten sich indianische Silberschmiede der handwerklichen Verarbeitung von Silber, einem neuen Werkstoff zu. Sie bezogen sich dabei auf alte Vorlagen. Vorläufer der so genannten Squashblossomketten aus Silber sind die im Südwesten weit verbreiteten prähistorischen Muschelketten, deren Perlen aus Muschelstücken gefertigt waren. Die Naja war aus dem äußeren Rund einer Muschel gefertigt, aus der das Mittelstück heraus »gestanzt« wurde, wobei ein natürlicher Ring übrig blieb, dessen Wirbel sich zur Lochung anbot. Diese Muschelringe wurden – je nach natürlicher Größe – als Armreifen oder Kettenanhänger verwendet. Manche Muschelketten zeigen sogar das typische Kompositionsprinzip. Um einen zentralen größeren Anhänger sind zentralsymmetrisch seitlich einige kleinere Anhänger angebracht, unterbrochen von mehr oder weniger Perlen, welche die hinter dem Hals verborgene Kette vervollständigen. Dieses Kompositionsprinzip war sehr beliebt. Auch bei Ketten, die anstelle der Kürbisblüten eine Abfolge von Türkisperlen oder Muschelhälften mit Jet- und Türkisintarsien zeigen, welche eine große, intarsierte Muschelhälfte in der unteren Mitte umrahmen.
Aufgrund der enormen Verbreitung der silbernen »Kürbisblüten«-Motive wurde der Begriff »Squashblossomkette« in der Literatur zum Synonym für derartige Kompositionen.

Die Entwicklung der Squashblossomketten belegt die fortschreitende Beherrschung der neuen Silberschmiedekunst. In der Frühphase ist Zuni- kaum von Navajoschmuck zu unterscheiden. Auf frühen Fotografien tragen Indianer noch Halsketten, die lediglich aus Silberknöpfen bestehen. Diesem einfachen halbrunden Schmuckmotiv wandten sich die Zuni- und Navajoschmiede zuerst zu, um damit Gürtel, Lederbeutel und Pferdezaumzeug zu verzieren. Sie trieben rund ausgestanzte Silberbleche zu halbrunden Wölbungen und setzten sie zu Kugeln zusammen. Dabei ersetzten zunächst Knopfbündel die Naja. Sie taucht zuerst als Anhänger des Stirnteiles von aufwendiger gestaltetem Pferdezaumzeug auf. Später tritt dann die Naja an deren Stelle. Sie besteht entweder aus einem gänzlich schmucklosen unten offenen Rund, dessen Enden spitz zulaufen. Ab zirka 1860 tauchen vermehrt stilisierte Hände als Abschluss auf und die Ornamentierung wird raffinierter. Angefangen von mittig betonten Graten, über eingestanzte, -gekerbte, -gemeißelte und aufgestanzte Motive, bis hin zu Schmuck in Form von Anhängern und Türkisintarsien. Ebenso variieren die Hände in geometrischen Grundformen aus Silber oder Türkis (SCHIFFER 1990). Die ästhetische Wirkung der Ketten wird maßgeblich von der Anordnung der Blüten, ihrer Form und Größe bestimmt. Dichte Kompositionen von bis zu fünfzehn Blüten wirken streng. Andere wirken durch die Einfügung von Perlen insgesamt leichter und spielerischer.

Frühe »Squashblossomketten« bestanden zuerst nur aus Silberperlen und Naja-Anhänger, die auf Wildlederbänder aufgereiht wurden. Relativ schnell kamen als Blüten der Nutzpflanze Kürbis interpretierte Stilisierungen hinzu. Mal simpel in Form von Silberkugeln, auf Röhren gelötet, deren Mündung in drei oder vier Sektionen aufgebogen wurde; mal als detailliert gearbeitete Blütenkelche mit Riefelungen und Tropfenabschlüssen je Blatt. Die jeweiligen Grundformen folgen abstrahierten ästhetischen Prinzipien, die keine Rückschlüsse auf Vorlagen aus der Natur zulassen.

Heute werden anspruchsvolle »Squashblossomketten« angeboten, deren reiche Verwendung von Türkisen aus statischen Gründen eine Doppelung der Silberperlenschnüre fordert, weil die großen Türkise sonst keinen Halt fänden. In Tradingposts und auf dem Touristenmarkt werden – verglichen mit ihrer enormen Verbreitung bei Navajo-, Zuni- und vereinzelt auch Hopiindianern – relativ selten gute Squashblossomketten angeboten, und zwar zu horrenden Preisen. Für eine gut gearbeitete moderne Kette muss man um die 600 US-Dollar bezahlen; für alte sogar um die 1000 Dollar und mehr.

Die Geschichte der Deutung

Zur Entstehungsgeschichte dieses Kettentyps und seiner Bedeutung publizierte 1938 der Historiker, Archäologe und Kurator des Los Angeles Museum, ARTHUR WOODWARD, die seither vielfach wiederholte Theorie im Bulletin 14 des Museum of Northern Arizona, dass die Vorlage zum Motiv der sich blütenartig nach unten öffnenden Perle aus Mexiko stamme. Solche Blütenperlen fänden sich zwar nicht im mexikanischen Schmuck, aber als silberne Verzierungen an Hosenbeinen und auf Jackets der spanisch beeinflussten mexikanischen Tracht, die auf das Vorbild des in der spanischen Kunst sehr verbreiteten Granatapfelmotivs zurückzuführen seien (WOODWARD 1975). Tatsächlich ist das Granatapfelmotiv auf unzähligen spanischen Gebrauchsgegenständen, wie Stoffen, Holztruhen, Silberwaren usw. weit verbreitet und fand seinen Weg über die spanischen Eroberer nach Mexiko (DAVIS und PACK 1973). Auf mexikanischen Kleidungsstücken und als Schmuckelement auf Möbeln gelangte das Motiv beim Vordringen mexikanischer Reiter wiederum in den Südwesten Nordamerikas. Dort gelangten sie über die Missionsstationen in die indianische Kunst.
WOODWARD zufolge griffen die Indianer auf das tradierte spanische Granatapfelmotiv zurück, als sie mit der neuen Silberschmiedekunst vertraut wurden. Dennoch gab schon der Autor zu bedenken, dass die Bezeichnung des Motivs als »Kürbisblüte« einer »adäquaten Basis« entbehre – obschon die Spanier den Anbau von Kürbis auf den Feldern der Indianer konstatiert hatten, der nicht nur als Nahrung, sondern auch als Material von Haushaltsutensilien wie Schöpfkellen diente. Außerdem gibt es eine unbestrittene Formähnlichkeit zwischen der Kürbisblüte und Granatapfelfrüchten (***Punica granatum***) – ungeachtet des Größenunterschieds, der in der Übertragung auf ein Schmuckmotiv ohnehin keine Rolle spielt.

Rechtfertigt die kulturelle Bedeutung von Kürbissen und Kürbisblüten (WHITAKER und CUTLER 1965) aber die Übertragung der Form einer bekannten Nutzpflanze auf ein vorgefundenes Schmuckmotiv?

Der Wandel eines Symbols

Wir sind heute gewohnt, verzierte Gegenstände und Kunsthandwerk unter rein ästhetischen Gesichtspunkten zu betrachten. Daher unterstellen wir Kulturen, deren Schmuck, Keramik, Körbe und Stoffe wir im Museum bewundern oder im Handel erstehen, lediglich ästhetische Absichten. Wir vermuten dahinter ein bloßes Schmuckbedürfnis und den Willen, Gebrauchsgegenstände zu verschönern. Doch dem ist nicht so! Das zeigt sich besonders deutlich an sakralen Gebäuden. WERA VON BLANKENBURG betonte in ihrer Untersuchung von Tierornamenten an romanischen Kathedralen, dass geometrische Formen »keine abstrakten, nur schmückenden Linien-›Spiele‹« seien, sondern »noch ›lebende‹ Dokumente uralten religiösen Erlebens« (BLANKENBURG 1975: 9).

Jedes Ornament, sei es noch so abstrakt, entstammt tiefen Einsichten des Menschen in kosmische Kräfte. In Naturerscheinungen wie Helligkeit und Dunkelheit, Keimen und Verblühen offenbaren sich die Lebenskräfte dem Menschen ebenso, wie in Tieren und Pflanzen, die er in seinem Lebensraum vorfindet. Indem er Licht, Zeit und Raum in Ornamenten zu Sinnbildern gestaltet, sucht der Mensch auf magische, das heißt schöpferische Weise Einfluss auf das kosmische Geschehen zu nehmen. Er will sich lebensspendende Kräfte nutzbar machen und lebensfeindliche abwehren. Deshalb diente ein solcher »Schmuck«, den der naturverbundene Mensch am Körper trug, ursprünglich nur sekundär dem Bedürfnis, sich herauszuputzen und mit ästhetisch bearbeiteten, kostbaren Materialien zu »schmücken«.

Die Wurzel des Ornaments im Amulett

Der Ursprung des Schmuckes ist das Amulett. Die Hand der Fatima, die moslemische Frauen um den Hals tragen, der als »Feige« bezeichnete, verfluchende Gestus, den die Römer in kleinen Silberanhängern nachbildeten, die Kaurischnecke, die Menschen in Afrika und Indien mit sich tragen – alles sind mit magischer Bedeutung aufgeladene Symbole, die den Träger vor dem »Bösen Blick«, vor Krankheit und Unfruchtbarkeit schützen sollen.

In ihrer Gestalt ähnelt die Kürbisblüte der Blüte des Stechapfels und Granatapfels, wie auch der heranwachsenden Samen- und Fruchtkapsel des Granatapfels – und der Opiumkapsel. Alle vier Pflanzen verbindet ihr Gebrauch als Aphrodisiaka (Rätsch et Müller-Ebeling 2003). Kulturgeschichtlich steht die Kürbisblüte am Ende eines Wandlungsprozesses, in dessen Verlauf symbolische Eigenschaften und mythische Qualitäten von Opium übertragen wurden auf den Granatapfel, den Stechapfel und – die Kürbisblüte. Der Symboltransfer der psychoaktiv wirksamen Pflanzen Schlafmohn (Opium) und Stechapfel zu wichtigen Nutzpflanzen wie Granatapfel und Kürbis lässt sich an der Übertragung von Gestalt und Bedeutung in der Kunst ablesen.

Die kulturelle Bedeutung der Datura bei den Navajo

Es sind verschiedene Navajo-Namen für die Datura bekannt geworden: ch'óhojilyééh, »madness producing«, Hoozhónee yilbéézh, »Beautyway Decoction« (Brugge 1982: 92); auch ch'óxojilghéí (Aberle 1982: 207). Bei den Navajo erfolgt das Sammeln des Stechapfels, der rituell als »Kleines Weißes Haar« angerufen wird, nach einem bestimmten Ritual. Zunächst werden Maispollen über die Pflanze gestreut und folgendes Gebet gesprochen: »Kleines Weißes Haar, vergib mir, daß ich dich nehme. Ich tu das nicht aus Übermut. Ich will, daß du mich heilst. Ich nehme nur so viel, wie ich brauche.« (Abel 1983: 193)

In der Zeremonie, die unter dem Namen Beautyway in der Literatur bekannt geworden ist, werden Datura-Zubereitungen zur Erzeugung von Visionen eingenommen. In vielen Heilzeremonien stehen Visionen und Träume im Vordergrund. Die Medizinmänner oder Schamanen lernen von den Visionen und erlangen dadurch Kräfte, die sie dann heilsam einsetzen können. Die Navajo-Medizinmänner benutzen den Stechapfel auch zur Behandlung von Halluzinationen. Die halluzinogenen Eigenschaften der Datura sind den Navajo sehr gut bekannt. Die Navajo nehmen kleine Portionen Datura zu sich, um sich vor Hexereiangriffen zu schützen (SIMMONS 1980: 154). Andererseits wird die Zauberkraft der Pflanze für positiven und negativen Liebeszauber genutzt (HILL 1938: 21). Dazu versucht man der begehrten Person Datura unters Essen oder in den Rauchtabak zu mischen (TIERNEY 1974: 49). Auch Jäger rauchen Datura vermischt mit Pollen, um das Jagdwild (Hirsche) anzulocken (VESTAL 1959: 42).

Liste des kulturellen Gebrauchs der Datura bei den Navajo

- Mittel zur Erzeugung von Visionen
- Liebeszauber
- Aphrodisiakum
- Jagdzauber
- Divination (Kriminalthelepathie)
- Diagnose (von Krankheitsursachen)
- Medikament
- magischer Schutz (Amulett)
- Genussmittel

Es gibt eine Zeremonie, die auf Navajo ajilee heißt, und die in der ethnographischen Literatur unter den Bezeichnungen Excess Way, Prostitution Way oder Frenzy Witchcraft bekannt ist (ABERLE 1982: 207). Ajilee ist der Name für einen Mythos, enthält die Zaubergesänge und ein Ritual, bei dem sich der Ausführende in einen Datura-Geist verwandelt und über begehrte Frauen oder Jagdwild Macht gewinnen kann (LUCKERT 1978). Ajilee gehört nicht zu den großen Heilritualen und wird vor allem von manchen christianisierten Navajo als Hexerei betrachtet. In Mythos und Ritual spielen vier magische Pflanzen, darunter die ***Datura innoxia***, vermutlich auch der Stachelmohn (***Argemone mexicana***) und die Locoweeds (***Oxytropis*** spp., ***Astragalus*** spp.) eine zentrale Rolle.

Mit dem Ritual können begehrte Frauen (vor allem Jungfrauen der Hopi und Pueblo Bonito) für sexuelle Genüsse herbeigerufen werden. Mit den selben Gesängen wird aber auch das Jagdwild angelockt. Das Ritual dient auch der Heilung von Personen, die an sexuellen Ausschweifungen leiden, oder von Frauen, die sich zwanghaft prostituieren müssen (HAILE 1978).

In dem ajilee-Mythos wird beschrieben, wie der Held durch die Kraft der Datura in eine andere Wirklichkeit versetzt wird und dort schamanische Techniken erwirbt. Er betritt ein Haus: »Eine Tür an der östlichen Seite wurde ihm geöffnet. Als er hineinsah, konnte er erkennen daß dort überraschend viele Blumen verstreut waren. Die kleinen Vögel zwitscherten an diesem Ort, Hirsche wandelten umher, auch Antilopen. Regenbögen durchspannten den Raum und Blitze zuckten aus den Wänden. Männlicher Regen fiel und von dem Mais dieses Ortes tropfte der Pollen herab. Überall konnte man Gelächter hören. An diesem Ort, so heißt es, wurden Zigzag-Blitze und gerade Blitze, Regenbögen und Sonnenstrahlen und Sonnenreflektionen gesammelt. ›Dies sind deine Reisegeräte; mit ihrer Hilfe kannst du überall hingelangen‹; so wurde zu ihm gesprochen als sie in seine Hände gelegt wurden. ›Sehr wohl‹, sagte er und inhalierte ihren Atem.« (HAILE 1978: 24)

Über die Beziehung der Datura zur Winde

Die Winde ***Ipomoea hederacea*** (Japanische Winde) wird in Japan als Schwester der ***Datura metel*** betrachtet.
Der im Wasser oder Sumpf lebende Stechapfel ***Datura ceratocaula*** (oder ***ceratocaulum***) galt den Azteken als Schwester des Ololiuqui. SCHULTES ET HOFMANN schreiben hierzu: »Im alten Mexiko betrachtete man sie als ›Schwester von Ololiuqui‹ und behandelte sie mit Ehrfurcht.«[79]
CHRISTIAN RÄTSCH führt aus: »Eine (...) Stechapfelart, Atlinan (***Datura ceratocaulum***), die heute in Mexiko Torna-loca heißt, galt den Azteken als Schwester der Ololiuqui-Ranke und war heilig. Nur die Priester durften Heilungen mit ihr vornehmen. Dazu mußten sie ein Gebet an den Pflanzengeist richten:
›Ich rufe dich an, meine Mutter, die du bist der schönen Wasser!
Wer ist der Gott, oder wer hat die Kraft, daß er meinen Zauber brechen und verzehren kann?
Komm herbei, Schwester der Grünen Frau Ololiuqui, von der, durch die ich gehe und ich den grünen Schmerz, den braunen Schmerz hinterlasse, daß er sich selbst verstecke.
Geh und zerstöre mit deinen Händen die Eingeweide des Besessenen, daß du seine Macht erprobst und er in Schande falle‹.«[80]

LEWIN benannte ***Datura meteloides*** fälschlicherweise als Ololiuqui: »(...) So fanden die Eroberer Mexikos außer Anhalonium lewinii[81] noch eine Daturaart, die ***Datura meteloides*** DC., »Ololiuhqui« vor, die gegessen, die Fähigkeit verleihen sollte, gestohlene Gegenstände ausfindig zu machen.«[82]

---

79 SCHULTES et HOFMANN 1998: 111
80 RÄTSCH 1987 (Dies Gebet wird in vielen Werken zitiert, z. B von DE LA SERNA o. J.; RÄTSCH 1988; SAFFORD 1921)
81 Veralteter Name des Peyote-Kaktus *Lophophora williamsii*
82 LEWIN 1926/2000

Das »Buch der Gifte« von GUSTAV SCHENK weiß hierzu einiges mehr zu berichten:

»Ololiuqui ist das aztekische Wort für eine mexikanische Stechapfelart, nämlich ***Datura meteloides***. Ololiuqui heißt aber auch gleichzeitig der Trank, der aus dieser Datura-Pflanze hergestellt wird. Die zapotekischen Indianer in Oaxaca verwenden ihn als Gottesorakel, um bei Gerichtssitzungen Wahrheit und Unwahrheit zu scheiden und zu erforschen. Das Ololiuqui hat eine lange Geschichte. Schon der spanische Arzt Dr. FRANCISCO HERNANDEZ schrieb 1615 davon: ›Der Same dient in der Medizin. Zerrieben und getrunken mit Milch und spanischem Pfeffer, nimmt er die Schmerzen weg, heilt allerhand Störungen, Entzündungen und Geschwülste. Wenn die Priester der Indianer mit den Geistern Verstorbener in Verkehr treten wollen, genießen sie von diesen Samen, um sich sinnlos zu berauschen, und sehen dann Tausende von Teufelsgestalten und Phantasmen um sich.‹

Aber auch noch andere spanische Historiker und Berichterstatter sprechen von Ololiuqui, der ›Grünen Schlange‹: ›Die‹, so berichtet einer von ihnen, ›welche ihn genommen haben, bekommen Visionen und sehen erschreckende Sachen‹.

HERNANDO RUIZ DE ALARCON schreibt in seiner Abhandlung über den Aberglauben, die Sitten und Gebräuche der mexikanischen Indianer:

›Der sogenannte Ololiuqui, das ist ein Same, kleiner als eine Linse oder Erbse. Eingenommen, beraubt er des Verstandes. Es ist verwunderlich, welches Vertrauen die einfältigen Indios zu ihm haben. Sie schreiben ihm Wunderkräfte zu. Sie befragen ihn wie ein Orakel und halten Zwiegespräche mit ihm, um zu erfahren, was sie zu wissen begehren, oft Sachen, die man mit dem menschlichen Verstande gar nicht zu erkennen vermag, wie Verlauf ihres zukünftigen Lebens oder Ort, wo sich verlorene oder gestohlene Gegenstände befinden. Wer die Samen einnimmt, zieht sich zurück, schließt sich ein, und niemand darf sich ihm nähern. Sie glauben, daß in den Samen ein Dämon steckt, der dann, wenn man ihn eingenommen hat, herauskommt und dem Fragenden aufdeckt, was immer er zu wissen wünscht. Im Verlaufe dieses Zustandes, dieser Art von Trunkenheit und Halbschlaf, dieses Verlustes alles klaren Verstandes und Urteilsvermögens hört er dann allerhand Stimmen und Tausende von großartigen Lügen, die ihm nur der Teufel einblasen kann. Darunter sind aber merkwürdigerweise manchmal ein paar Körnchen Wahrheit.‹

Das ist eine wunderbar genaue Beschreibung der Giftwirkung des Stechapfels aus alter Zeit und aus tropischem Lande, wie man sie heute kaum besser darstellen könnte. Der Ololiuqui-Trank, zu dem man auch Piule sagt, wird nach Reko sehr einfach zubereitet. Man zerkleinert die harten Datura-Samen und läßt sie in Pulque, das ist der Most von Agaven, einige Zeit quellen. Von diesem Trank nimmt man kleine Schlückchen.«[83]

83 SCHENK 1954: 77f.

Allgemeine Grundlagen

Die Nachtschattengewächse (Solanaceae), zu denen auch Pflanzen wie Tabak, Tomate, Kartoffel, Paprika oder Aubergine gehören, sind eine große Gruppe von Gewächsen. Einige dieser Solanaceen werden aufgrund ihrer Inhaltsstoffe zu den psychedelischen Pflanzen gezählt. Zu diesen gehören Alraune (***Mandragora*** spp.), Bilsenkraut (***Hyoscyamus*** spp.), Nachtschatten (***Solanum*** spp.), Tollkirsche (***Atropa*** spp.), Engelstrompete (***Brugmansia*** spp.) und Stechapfel (***Datura*** spp.).

Die Tropanalkaloide (Tropeine)

Tropanalkaloide sind Tropanal-Ester. Als Ester bezeichnet man chemische Verbindungen, welche aus organischen und anorganischen Alkoholen und Säuren durch Veresterung (= Wasserabspaltung) entstehen. Diese Alkaloide sind außer in Nachtschattengewächsen, auch bei der Gattung ***Erythroxylum*** (beispielsweise ***E. coca*** = Cocastrauch) nachweisbar.
Grundsätzlich kommen die psychisch wirksamen Inhaltsstoffe bei den von uns betrachteten Gattungen in allen Pflanzenteilen vor: in den Blättern, im Stängel, in der Wurzel und im Samen. Die höchste Konzentration findet sich im Samen und in den Blättern.

Atropin

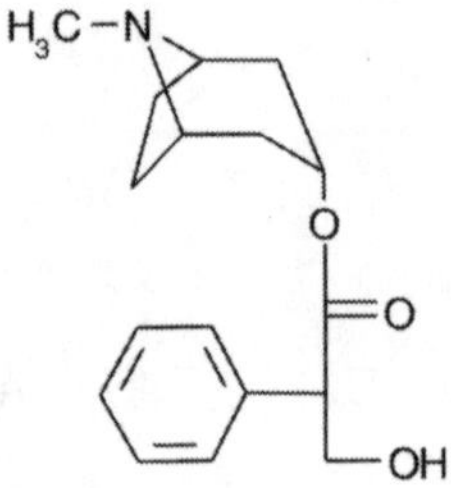

Synonym: DL-Hyoscyamin, Tropintropat u. a.
Kommt in Datura und Brugmansia (je nach Art) meist in geringer Konzentration als Nebenalkaloid vor.

Beschreibung:
Summenformel C17 H23 NO3
Chemische Verwandtschaft mit Cocain, Hyoscyamin und Scopolamin. Atropin wird medizinisch bei Augenoperationen und Asthma sowie zur Narkoseeinleitung eingesetzt. Atropin kann halluzinogen wirken, unterliegt aber nicht dem Betäubungsmittelgesetz.

Hyoscyamin

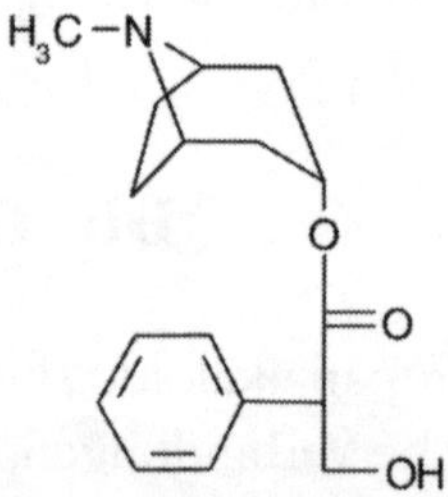

Synonym: L-Atropin, L-Hyoszyamin u. a.
Kommt in Datura und Brugmansia (je nach Art) meist in geringer Konzentration als Nebenalkaloid vor.

Beschreibung:
Summenformel C17 H23 NO3
Chemische Verwandtschaft mit Atropin, Scopolamin und Cocain. Hyoscyamin wandelt sich unter Trocknung in Scopolamin um und weist ein diesem identisches pharmakologisches Profil auf. Hyoscyamin wirkt halluzinogen und unterliegt nicht dem Betäubungsmittelgesetz.

Scopolamin

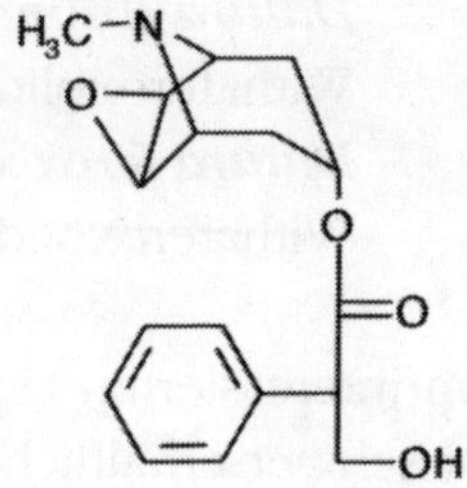

Synonym: Hyoscin, Skopolamin u. a.
Scopolamin ist zumeist das Hauptalkaloid der Gattungen.

Beschreibung:
Summenformel C17 H21 NO4
Chemische Verwandtschaft mit Atropin, Hyoscyamin und Cocain. Scopolamin wird medizinisch als Hypnotikum verwendet. Die Letale Dosis (LD50) beim Menschen liegt bei 14 Milligramm. Scopolamin ist ein Halluzinogen, unterliegt aber nicht dem Betäubungsmittelgesetz.

Weitere Inhaltsstoffe der verschiedenen Arten:
3alpha,6ß-Ditigloyloxy-Tropan, 3alpha,6ß-Ditigloyloxytropan-7ß-ol, 3-Hydroxy-6-Tigloyoxytropan, 6-Hydroxyhyoscyamin, 6-Tigloyoxy-hyoscyamin, 6ß-Acetoxy-3alpha-Tigloyoxytropan, 7-Hydroxy-3:6-Ditigloyloxytropan, Apoatropin, Apohyos-cin, Belladonin, Cholin, C-Tropin, Cumarine, Cuskohygrin, Datumetin, Littorin, Meteloidin, Norhyoscin, Pseudotropin, Scopoletin, Tigloidin, Tigloyoxytropan, Tropan-3alpha-ol, Tropin, Withanolide und andere.

Withanolide in Stechapfelarten

Die psychoaktiven Withanolide sind mit den Tropeinen nicht verwandt, da es sich bei diesen Verbindungen nicht um Alkaloide handelt. Withanolide sind steroidale Lactone. Die für ihre Withanolide bekannteste Pflanze ist die namensgebende Schlafbeere ***Withania somnifera***. In Datura-Arten vorkommende Withanolide (nach RÄTSCH 1998)

Datura metel
Daturilin
Datura quercifolia
Withaferoxolide
Datura stramonium var. violacea
Withaferoxolide

Datura stramonium ssp. ferox
Withaferoxolide
Datura ferox x Datura quercifolia (F1-Hybrid)
Withaferoxolide

Dem interessierten Leser sei an dieser Stelle die antiquarische, leider sehr schwer erhältliche Doktorarbeit von Eduard Baur aus dem Jahre 1919 ans Herz gelegt. Die 82 Seiten lange Schrift »Studien über die Bedeutung der Alkaloide in pharmakognostisch wichtigen Solanaceen, besonders in Atropa Belladonna und Datura Stramonium« behandelt auf verständliche Weise das komplette Spektrum der frühen Alkaloidforschung an Stechapfel und Tollkirsche. Ein in dieser Beziehung weiteres wichtiges Werk ist »Chemische Zaubertränke« von Hermann Römpp (siehe Literaturhinweise).

Nachweis durch Drogenscreening

Alkaloide der Gattungen Datura und Brugmansia (auch der anderen Solanaceen) werden im Rahmen einer Drogenuntersuchung durch Blut-, Urin- oder Haaranalyse nicht getestet.

Quellen für diesen Abschnitt: Bauereiß 1993, Ott 1993, Rätsch 1998, Schultes et Hofmann 1998 und viele andere.

Allgemein gilt: Datura und Brugmansia können in derselben Form und in gleichem Maße verwendet werden. Die Wirkung beider Gattungen ist dieselbe. Über die schwankenden Alkaloidvorkommen lohnt es sich nicht zu streiten, die gibt es unter den einzelnen Arten einer Gattung auch immer wieder. Eigene Versuche aber sollte man – wenn überhaupt – unbedingt sehr, sehr vorsichtig beginnen!
Dieser Abschnitt behandelt die artenunabhängige und -übergreifende Verwendung der Stechäpfel und Engelstrompeten. Die jeweilige traditionelle Verwendung der einzelnen Arten findet sich im Monografie-Teil.

Rauchen

Prinzipiell können alle getrockneten Pflanzenteile der Datura- und Brugmansia-Arten geraucht werden:

Blätter, Blüten, Stängel und Samen. Traditionell werden meist die Blätter und Samen geraucht. Christian Rätsch führt in seiner »Enzyklopädie der psychoaktiven Pflanzen« drei traditionelle Rauchmischungen mit Datura-Anteil an:

Shiva/Shakti-Blend
Hanfblüten und Blätter der *Datura metel* werden 1 : 1 gemischt.

Foto: Markus Berger

Getrocknete Engelstrompeten-Blätter

Indische Zigaretten

0,3 Gramm *Atropa belladonna* (Tollkirschenblätter)
0,15 Gramm *Hyoscyamus niger* (Bilsenkrautblätter)
0,15 Gramm *Datura stramonium* (Stechapfelblätter)
0,1 Gramm *Cannabis indica* (indische Hanfblätter)
getränkt in Opiumextrakt und Kirschlorbeerwasser. Dieses Rezept von 1870 ist das Original der französischen Firma Grimault et Cie. Die fertigen Zigaretten gab es in der Apotheke.

Aphrodisische Rauchmischung

Haschisch (*C. indica, C. sativa*)
Getrockneter Fliegenpilz (*Amanita muscaria*)
Stechapfelblätter (*D. innoxia, D. stramonium* o.a.)
zu gleichen Teilen vermischen[84].

In seinem Werk »Pflanzen der Liebe« beschreibt RÄTSCH weitere Rauchmischungen mit aphrodisischem Charakter.

Dreigüldenmischung

2 Teile Damianablätter (*Turnera diffusa*)
2 Teile Stechapfelblätter (*Datura* spp.)
1 Teil Haschisch

Hexenhammer

1 Teil Fliegenpilzhäute (*Amanita muscaria*)
1 Teil Bilsenkraut (*Hyoscyamus niger*)
1/2 Teil Stechapfelsamen (*Datura* spp.)
1/2 Teil Tollkirschenbeeren (*Atropa belladonna*)
1 Teil Haschisch (*Cannabis indica* o. *sativa*)
1 Teil Pfefferminzkraut (*Mentha piperita*)

---

[84] Die Rezeptur dieser Rauchmischung findet sich in RÄTSCH 1995; RÄTSCH 1998; RÄTSCH et MÜLLER-EBELING 2003

Der »Kleine Rauch«

1 Stück (pro Person)	Zauberpilz
1 Stück (pro Person)	getrocknete Blüte *Brugmansia* spp.

Kubeben-Zigaretten

2 Teile	Kubebenpfeffer (*Piper cubeba*)
1 Teil	Stechapfelblätter (*Datura* spp.)
1 Teil	Pfefferminzkraut (*Mentha piperita*)

Essen

Obwohl theoretisch auch die frischen Blätter und Blüten gegessen werden können, ist es wegen der schwierigen Dosierbarkeit (der Alkaloidgehalt schwankt je nach Lage und Alter der Pflanze sowie der Erntezeit sehr) eher Sitte, die frischen oder trockenen Samen zu essen oder die frische Wurzel auszukauen. Da die Samen und die Wurzel hohe Wirkstoffkonzentration enthalten, sollte man jeglichen Verzehr tunlichst unterlassen!

Trinken

Aus den Blüten der Pflanzen, aber auch aus den Blättern und Samen, lässt sich ein hoch halluzinogener, aber bei falscher Dosierung lebensgefährlicher Tee bereiten. Blüten, Blätter oder das zerstoßene Samenmaterial werden mit kochendem, nicht mehr sprudelndem Wasser übergossen und ziehen etwa zehn Minuten. Diese Praxis ist in keinem Fall ratsam und unbedingt zu unterlassen. Rätsch gibt in »Pflanzen der Liebe« eine Tee-Rezeptur an, die pro Person eine Blüte oder drei bis vier kleinere Blätter vom Stechapfel oder der Engelstrompete vorsieht. Doch Vorsicht! Ich muss immer wieder deutlich betonen, solcherlei Experimente können das Leben kosten! Gemahlene Datura- oder Brugmansia-Samen können auch in Wein oder andere alkoholische Getränke gegeben werden (siehe auch Seiten 119 ff., »Klassische psychoaktive Zusammenstellungen«).

Sonstige Applikationsformen

Klistiere

Als Beimischung für psychotrope Klistiere dienen in Mesoamerika die Blätter und Samen von ***Datura ceratocaula***, in Nordamerika von ***D. innoxia*** und ***D. stramonium***.[85] In Peru wurde eine Mischung aus Brugmansia, Coca und weiteren psychotropen Gewächsen über ein Klistier verabreicht.[86]

Räucherung

Stechapfelsamen lassen sich wunderbar räuchern, gerade und besonders in Kombination mit anderen Räucherwaren. Die Räucherung von derart psychoaktiven Gewächsen induziert zumeist eine milde bis stärkere Rauschwirkung, je nach Größe des Raumes, Nähe zur Räucherquelle und sonstigen Bedingungen. Ich persönlich empfinde die Mischung von Stechapfelsamen, Lotusblüten und Hanfkraut als angenehmste.

Christian Rätsch berichtet im »Lexikon der Liebesmittel«:

»Ich beobachte bei Seminaren und Workshops zum Thema Räucherstoffe immer die Reaktionen der Teilnehmer auf bestimmte Räucherungen. Im Laufe der Zeit wurde sehr deutlich, daß die meisten von mir »Beweihräucherten« am intensivsten auf eine Mischung aus echtem Copal, dem sehr seltenen weißgelblichen Harz des mittelamerikanischen Copalbaumes (Protium copal [SCHL. et CHAM.], ENGL., Burseraceae) und Stechapfelsamen reagierten. Oft berichteten mir vor allem Frauen, daß sie von dieser Mischung stark erotisiert und angenehm berauscht wurden.«[87]

---

85 Rätsch 1998
86 Rätsch et Ott 2003: 198
87 Rätsch et Müller-Ebeling 2003: 577

Salben

Arten der Gattung Datura und *D. stramonium* im Speziellen, waren zusammen mit anderen Nachtschattengewächsen, wie Bilsenkraut, Tollkirsche oder Alraune vielbenutzte Ingredienzien der berüchtigten Hexensalben.

Schnupfpulver

Laut RÄTSCH[88] und OTT[89] werden die Blätter und Samen der Gattung Brugmansia sowie die Blätter der Datura-Arten als Bestandteil von Schnupfpulvern verwendet.

Klassische psychoaktive Zusammenstellungen

Balche'

Dem Ritualtrunk Balche', ein Sakrament der Lakandonen und Maya, enthält vermutlich Bestandteile der Stechapfelarten ***Datura innoxia*** und ***D. stramonium***.

Betelbissen

Samen der ***Datura metel, D. innoxia*** und ***D. stramonium*** dienen als Beimischung zu Betelbissen. Die psychoaktiven Betelbissen sind hauptsächlich im südostasiatischen Raum ein beliebtes Genussmittel und eine häufig verwendete rituelle Mischung.

Bier

Auch als Bierzusatz werden die Stechapfel-Arten vielfältig verwendet. In Afrika werden die Samen der ***Datura metel*** und ***D. stramonium*** dem Bier beigegeben. In Chile die Samen der ***Datura stramonium*** und anderer Arten. Die Indianerstämme der Huichol aus Mexiko und der Apache aus den USA verwenden die Samen der ***Datura innoxia***, die eben-

---

88 RÄTSCH 1998
89 OTT 1993

falls aus Mexiko kommenden Tarahumara benutzen Blätter und Wurzeln derselben Pflanze. Manchem indischen Bier werden Samen der ***Datura metel*** beigemischt. Im Europa des späten Mittelalters wurden ***Datura stramonium***-Samen als Bieradditiv verwendet.

Chicha

Dem Maisbier Chicha, das vorwiegend in Nordamerika bereitet wird, werden Samen der Engelstrompeten-Arten ***Brugmansia arborea***, ***B. aurea*** (Peru) und ***B. sanguinea*** (Anden) sowie Wurzelmaterial der ***Datura innoxia*** (Tarahumara/Mexiko) beigegeben.

Cimora

In Peru verwenden Schamanen oftmals diesen psychoaktiven Trunk, der zum großen Teil aus ***Brugmansia x candida*** und ***B. arborea*** besteht.

Cocabissen

Neben vielerlei anderen psychoaktiven Gewächsen werden frische Brugmansia-Blätter als Coca-Additiv verwendet.

Hexensalben

Zusammen mit ihren nächsten Verwandten, dem Bilsenkraut, der Alraune, dem Nachtschatten und der Tollkirsche, war Datura immer ein beliebtes Hexensalben-Ingredienz. Rätsch und Müller-Ebeling geben in ihrem »Lexikon der Zaubermittel« eine Hexensalben-Rezeptur vom US-amerikanischen Drogen- und Magieforscher Pascal Beverly Randolphl[90] wieder:

40 Gramm	Haschisch
50 Gramm	Bilsenkraut
80 Gramm	Stechapfel
20 Gramm	Belladonna (Tollkirsche)

90 Rätsch et Müller-Ebeling 2003: 341 (zitiert aus Randolph 1992: 130f.)

260 Gramm	Hanfblüten- und Kraut
50 Gramm	Knoblauch
30 Gramm	Sonnenblumenkerne
250 Gramm	Kalmus
100 Gramm	Weizenflocken

Die zerriebenen Bestandteile vermischt man mit 100 Gramm reinen Fettes und lässt die Masse eintrocknen. Für den Gebrauch wird die »Salbe« zerbröselt und aufgetragen. Derlei Experimente sollten allerdings erfahrenen Psychonauten vorbehalten bleiben. Schaut man sich diese wahrhaft explosive Mischung an, wird schnell klar, wieso. Aus diesem Grunde gebe ich hier auch keine ausführliche Anleitung bezüglich der Anwendung dieser oder anderer Salben.

Honig

Stechapfel und Engelstrompete können in Zusammenarbeit mit der Biene einen psychoaktiven beziehungsweise toxischen Honig produzieren. Diese delikate Süßspeise ist je nach Alkaloidgehalt berauschend oder giftig. ***Brugmansia sanguinea*** (Toé) ist beispielsweise für ihren Honig bekannt.

Kinnickinnick

Datura innoxia und ***D. stramonium*** sind beliebte Beimischungen der als Kinnickinnick bekannten indianischen psychoaktiven Rauchmischung. Ursprünglich bezeichnete der Begriff Kinnickinnick die Bärentraube (***Arctostaphylos uva-ursi***) aus der Familie der Ericaceae. Heute ist Kinnickinnick eine Rauchmischung, die neben der Bärentraube eine reiche Vielfalt anderer Pflanzenteile enthalten kann.

Orientalische Fröhlichkeitspillen

Das unter der Bezeichnung Orientalische Fröhlichkeitspillen bekannte Aphrodisiakum und Rauschmittel enthält vier typische und grundsätzliche Bestandteile: Opium, Hanf, Gewürze und Samen der ***Datura innoxia, D. metel*** oder ***D. stramonium.*** Hier ein typisches Rezept:

0,3 Gramm	Opium
10 Stück	Daturasamen
0,3 bis 0,5 Gramm	Haschisch

je eine Messerspitze beliebiger Gewürze

Die Ingredienzien werden zusammen mit Harzen in flüssiges Ghee (Butterschmalz) gegeben, vermengt und geknetet.

Berge et Rieke berichten in ihrem Giftpflanzen-Buch zum Thema Datura und Orientalische Fröhlichkeitspillen: »Die Samen bilden auch einen Bestandteil der orientalischen Fröhlichkeitspillen, die außerdem noch Mohnsaft, Hanf und einige Gewürze enthalten; sie bilden für die Orientalen, denen der Wein untersagt ist, ein Surrogat desselben und sollen ein unbeschreibliches Wohlbefinden erregen; sie haben sich in neuester Zeit auch nach Europa verirrt und brachten in Marseille wahre Vergiftungssymptome hervor.«[91]

Pituri

Die australischen Aborigines kauen eine psychoaktive Pflanzenmischung namens Pituri zu kultischen oder hedonistischen Zwecken. Von einer Beimischung des Stechapfels ist nichts bekannt. Trotzdem taucht in der Literatur ein Zusammenhang zwischen Datura und Pituri auf. Dieser erklärt sich wie folgt: Die in Australien beheimatete ***Datura leichhardtii*** gilt den Aborigines als Substitut für die als Pituri-Strauch bekannte ***Solanacee Duboisia hopwoodi***.

Pulque

Diesem von der Agave produzierten Alkoholikum wurde von den Huaxteken zu sexualmagischen Zwecken vermutlich die Wurzel der Datura innoxia (Toloache) beigegeben und als heftiges Aphrodisiakum rituell verwendet.[92]

---

[91] Berge et Riecke 1845 (zitiert in Rätsch et Müller-Ebeling 2003: 534)

[92] Rätsch et Müller-Ebeling 2003: 481 (zitiert aus: Kuehne Heyder 1995)

Räuchermischungen

In Kalifornien verwendet der Stamm der Chumash unter anderem die Blätter der *Datura wrightii* für psychoaktive Räucherungen. Weltweit sind die Samen der verschiedenen Stechapfel-Arten für solche Mischungen gebräuchlich.

Tabashir (Vamsha rochana)

Dieses psychoaktive und geheime ayurvedische Heilmittel und Aphrodisiakum enthält neben Gewürzen (wie Kümmel, Nelken und Anis), Butter, Mehl und anderen Ingredienzien auch Cannabis-, Mohn- und Toloache-(*Datura innoxia*)-Bestandteile.

Tonga

Der in Kolumbien aus ***Brugmansia sanguinea*** bereitete entheogene Tonga-Trunk hat eine lange Geschichte und Tradition. Tonga entfaltet eine mächtige psychoaktive Wirkung und wird noch heute in Ecuador schamanisch genutzt.

Zombiegift

Datura stramonium ist Bestandteil des haitischen Zombiegiftes, mit dem Vodoo-Magier (Bokor) bis heute gegen Bezahlung ihre Opfer, beispielsweise Ehebrecher, Unzüchtige oder sonstige Sünder, vergiften. Deshalb wird der Stechapfel auf Haiti concombre zombi, also »Zombiegurke« genannt. Das Opfer erhält unbemerkt und über einige Zeit hinweg das Zombiegift, welches zumeist aus ***Datura stramonium*** und anderen psychoaktiven Zutaten besteht. Sobald das Gift seine Wirkung entfaltet, gleitet der Intoxikierte in einen Trance-ähnlichen Zustand, um bald darauf, bei vollem Bewusstsein und am ganzen Körper gelähmt, in einen Scheintod zu verfallen. Dann wird das Opfer vom Bokor bei lebendigem Leibe begraben, einige Zeit später »exhumiert« und meist an einen versteckten Ort gebracht. Dort wird das mittlerweile völlig zerstörte, aber noch lebendige Opfer weiterhin gequält und mit Sklavenarbeit geschunden. Solcherlei über Jahre behandelte Menschen sind

dann tatsächlich kaum von den Zombies in Kinofilmen unterscheidbar. Bleibt festzuhalten: Nicht ein auferstandener Leichnam wird zum Zombie, sondern ein intoxikierter Lebendiger. WADE DAVIS, ein amerikanischer Biologe, erforschte das Zombiegift und stellt die These in den Raum, dass Tetrodotoxin, ein Wirkstoff des Kugelfisches (Fugu), das hauptwirksame Prinzip des Zombiegiftes darstellt. Die von ihm gelieferten Proben enthielten diese Verbindung allerdings nicht.[93]
Die Zombiegurke Datura ist nachweislich ein Hauptbestandteil der Giftmischung.[94]

Exkurs: Brugmansia und Ayahuasca

Einige Arten der Engelstrompete finden als Ayahuasca-Additiv Verwendung.
Weil Brugmansia an sich schon eine machtvolle entheogen wirksame Pflanze ist, werden von den Indianerstämmen der Ingano, Sharanahua, Shuar, Siona und Quichua die Blätter von ***Brugmansia suaveolens*** und ***Brugmansia x insignis*** sowie gelegentlich die Asche, Samen, Stengel, Blätter und Blüten von ***Brugmansia versicolor*** und anderer Arten als Ayahuascazusatz genutzt. Die Beimischung der Engelstrompete erfolgt zu Zwecken der Aufhebung oder Heilung von Zauber (beispielsweise von Flüchen), Paranoia und Wahnvorstellungen sowie durch magische Pfeile zugefügte Krankheiten und Leiden.

---

93 YASUMOTO, T. et KAO, C.Y. (1986), Tetrodotoxin and the Haitian Zombie, Toxicon 24: 747–749 (zitiert in: RÄTSCH 1998: 807)
94 RÄTSCH 1998: 807–809

Tabelle 4: Ayahuasca-Additive Brugmansia-Arten

Art	Verwendete Pflanzenteile
Brugmansia suaveolens	Blätter
Brugmansia x insignis	Blätter
Brugmansia versicolor	Asche, Blätter, Blüten, Stängel, Samen
Brugmansia spp.	Asche, Blätter, Blüten, Stängel, Samen

Brugmansia x insignis beispielsweise »wird von den Siona und Secoya auch als Ayahuascazusatz verwendet. Dazu werden die Blätter in einem Topf zu Asche verkohlt und pulverisiert. Dieses Pulver wird der fertigen Ayahuasca zugesetzt, um die Visionen zu verstärken (VICKERS und PLOWMAN 1984: 29). Auch in der Gegend von Loreto (Peru) dienen die Blätter als Ayahuasca-Additiv (SCHULTES und RAFFAUF 1990: 422).«[95] Ein unglaubliches Rezept für ein »Ayahuasca especial« vom Shipibo-Schamanen Guillermo Arévalo aus Amazonien, Peru (Pucallpa) findet sich im Werk »Coca und Kokain« von CHRISTIAN RÄTSCH ET JONATHAN OTT:

Banisteriopsis caapi
Harmin
Psychotria viridis
N,N-DMT
Erythroxylum coca
Kokain
Datura stramonium
Scopolamin
Opuntia sp.
Phenethylamine (je nach Art Meskalin)

---

95 RÄTSCH 1998: 102; VICKERS et PLOWMAN 1984: 29; SCHULTES et RAFFAUF 1990: 422

Trichocereus pachanoi[96]
Meskalin
Lophophora williamsii
Meskalin

Laut Ott wird im peruanischen Amazonasgebiet ***Brugmansia versicolor*** speziell für die Verwendung als Ayahuasca-Additiv in Gärten kultiviert.[97]

Quellen für diesen Abschnitt: OTT 1995, 1996, RÄTSCH 1995, 1996, 1998, RÄTSCH et MÜLLER-EBELING 2003, RÄTSCH et OTT 2003, SCHULTES et HOFMANN 1998, SCHULTES et RAFFAUF 1990, VICKERS et BLOWMAN 1984

---

96 ***Trichocereus pachanoi*** heißt heute nomenklatorisch korrekt ***Echinopsis pachanoi***. Die gesamte Gattung Trichocereus wurde aufgelöst und den Echinopseen zugeordnet. Siehe hierzu auch mein Buch »Psychoaktive Kakteen« (BERGER 2003)

97 OTT 1993: 222

Wirkungen

»Wer den Stechapfeltrank genießt,
glaubt mit Geistern und Dämonen zu verkehren.«
(BIBRA 1855: 142)

»Eine sehr starke Abkochung von der Frucht bringt Anfälle
von Raserei hervor. Die ganze Pflanze ist narkotisch,
aber die Samen haben die stärkste Wirkung.«
(JOHNSTON 1854: 134)

»Please, Sir, a negress of the house gave my mistress DATURA (…)
to drink, then took her keys, and the jewels she had on her neck
and in a box, and ran away with another negro.«
(DE ORTA 1987: 174)

Physische Wirkungen

Die körperlichen Auswirkungen eines Datura- oder Brugmansia-Konsums von halluzinogener Qualität sind schnell beschrieben und von eher unangenehmer Erscheinung. Sie sind meist identisch mit typischen Vergiftungserscheinungen. An Symptomen können vor allem auftreten:

- Jucken, Stechen, Überempfindsamkeit der Haut
- unscharfes Sehen (Wirkung des Atropin; Pupillenerweiterung)
- Kopfschmerzen
- Übelkeit
- Zittern
- Gesichtsröte
- trockene Schleimhäute
- Schweißausbrüche

Schultes et Hofmann beschreiben die Wirkungen eines Datura-Konsums folgendermaßen:
»Die physiologische Aktivität äußert sich zuerst in einem Gefühl der Ermattung, das in eine halluzinatorische Phase übergeht und schließlich mit tiefem Schlaf und Bewußtlosigkeit endet. Überdosen können zu dauernder Geistesgestörtheit oder zum Tode führen.«[98]

Bei einer Überdosis erwartet den Konsumenten schlimmstenfalls ein komatöser Zustand, Tod durch zentrale Atemlähmung oder Herz-Kreislaufversagen (siehe Seite 141 ff.).
Jacobus Theodorus, sicherlich besser bekannt unter dem Namen »Tabernaemontanus«, warnte schon 1588 in seinem »New Kreuterbuch« vor den Auswirkungen des Stechapfelgenusses: »... derowegen jedermann sich solcher Aepfel enthalten soll / dann sie machen rasend / und wann man etwas zu viel gegessen hat / so töten sie.«

Psychische Wirkungen

Die psychoaktive Wirkung der Gewächse ist individuell verschieden, kann aber auf einen Nenner gebracht werden. Aufgrund der annähernd gleichen Alkaloid-Vorkommen in Datura und Brugmansia sind bezüglich der Wirkung/en einheitliche Angaben möglich. Hauptsächlich hängt die zu erwartende Wirkung von der eingenommenen Dosis und der Empfänglichkeit, Erfahrung und Verträglichkeit des Konsumenten ab.
Schultes et Hofmann bringen es auf den Punkt:
»Die psychoaktive Wirkung ist bei allen Datura-Arten so stark, daß man sich nicht zu fragen braucht, weshalb sie auf der ganzen Welt von Naturvölkern als Pflanzen der Götter betrachtet worden sind.«[99]

---

98 Schultes et Hofmann 1998: 111
99 Schultes et Hofmann 1998: 111

Es existiert eine, das Wirkungsspektrum betreffende Drei-Stufen-Unterteilung der Indianer, die (aufgrund oben genannter persönlicher Faktoren und Parameter) von einer quantitativen Festlegung absieht:

Geringe Dosis	medizinisch effektive Wirkung
Mittlere Dosis	aphrodisische Wirkung
Hohe Dosis	visionäre, schamanisch halluzinogene Wirkung

Das entheogen hauptwirksame Alkaloid Scopolamin wirkt in großzügiger Konzentration gleichzeitig stark halluzinogen, bewusstseinstrübend und narkotisierend. Der Konsument verfällt unter Umständen in einen Trance-ähnlichen, von Visionen geprägten Schlaf.

M. J. MANNHEIM legte schon 1925 in seiner Abhandlung »Die Scopolaminwirkung in der Selbstbeobachtung« die Effekte einer Scopolamin-Applikation dar:

»Nach subkutaner [= unter die Haut; Anm. d. Verf.] Injektion von 1 mg Scopolamin Trockenheit des Rachens und Durstgefühl; Erschwerung der Beweglichkeit und Sprache, sensible Mißempfindungen in den Beinen und Händen; Lähmungserscheinungen; Verschlechterung der geistigen Leistungen, besonders der Auffassung; fast völlige Erinnerungslosigkeit; Verlust der Spontaneität und Aktivität; Dysphorie, massenhaft Illusionen und in geringem Maß Halluzinationen mit Wirklichkeitscharakter mit oder ohne Realitätsurteil, besonders des Gesichts und Gehörs, Störungen des Allgemeinsinns, Unterbrechung der Körperkontinuität, leibhaftige Bewußtheiten.«[100]

Erfahrungen

Einführend möchte ich eine Engelstrompetenerfahrung zitieren, die J. J. VON TSCHUDI aufgezeichnet und CARL HARTWICH 1911 in »Die Menschlichen Genussmittel« wiedergegeben hat[101]. Interessanterweise sind

---

[100] MANNHEIM 1925 (zitiert in RÄTSCH 1986 a: 33)

[101] Dieser Absatz wird in gekürzter Fassung ebenfalls zitiert in JOHNSTON 1854: 133–134 und BIBRA 1855: 141

dies nicht die eigenen Erlebnisse von Tschudin, sondern von außen betrachtete Beobachtungen eines Tonga-Rausches. Doch lassen wir den Text für sich sprechen:

»(Im Gebirge) wächst der schöne rote Stechapfel (***Datura sanguinea*** R. et P.)[102]. Die Eingeborenen nennen ihn 'Huacacachu, yerba de Huaca' oder 'Bovachero' und bereiten aus seinen Früchten ein sehr heftig narkotisches Getränke , die sogenannte 'Tonga'. (...) Seine Wirkung ist fürchterlich. Ich habe einmal Gelegenheit gehabt, sie bei einem Indianer zu sehen, der sich mit den Geistern der Vorfahren in Verbindung setzen wollte. Der gräßliche Anblick dieser Szene hat sich so tief meinem Gedächtnis eingeprägt, daß ich ihn nicht wieder vergessen werde. Bald nach dem Genusse der Tonga verfiel der Mann in ein dumpfes Hinbrüten, sein Blick stierte glanzlos auf die Erde, sein Mund war fest, fast krampfhaft geschlossen, die Nasenflügel weit aufgesperrt, kalter Schweiß bedeckte die Stirn und das erdfahle Gesicht, am Hals schwollen die Jugularvenen fingerdick an, langsam und keuchend hob sich die Brust; starr hingen die Arme am Körper herunter. Dann feuchteten sich die Augen und füllten sich mit großen Tränen, die Lippen zuckten flüchtig und krampfhaft, die Carotiden klopften sichtbar, der Respiration beschleunigte sich und die Extremitäten machten wiederholt automatische Bewegungen. Eine Viertelstunde mochte dieser Zustand gedauert haben, als alle diese Erscheinungen an Intensität zunahmen. Die nun trockenen, aber hochrot injizierten Augen rollten wild in ihren Höhlen. Alle Gesichtsmuskeln waren auf das scheußlichste verzerrt. Zwischen den halbgeöffneten Lippen trat ein dicker, weißer Schaum hervor. Die Pulse an Stirn und Hals schlugen mit furchtbarer Schnelligkeit. Der Atem war kurz, außerordentlich beschleunigt und vermochte die Brust nicht mehr zu heben, an der nur noch ein leises Fibrieren bemerkbar war. Ein reichlicher, klebriger Schweiß bedeckte den ganzen Körper, der fortwährend von den fürchterlichsten Konvulsionen geschüttelt wurde. Die Gliedmaßen waren auf

---

102 Hier haben wir einen wunderbaren Beleg der botanischen Nomenklatur von 1911. Engelstrompeten (***Brugmansia*** spp.) wurden damals noch komplett zu den Stechäpfeln gezählt. Heute ist aus ***Datura sanguinea Brugmansia sanguinea*** geworden.

das grässlichste verdreht. Ein leises, unverständliches Murmeln wechselte mit gellendem, herzzerreißendem Geschrei, einem dumpfen Heulen oder einem tiefen Ächzen oder Stöhnen. Lange dauerte dieser furchtbare Zustand, bis sich allmählich die Heftigkeit der Erscheinungen verminderte und Ruhe eintrat. Sogleich eilten Weiber herbei, wuschen den Indianer am ganzen Leibe mit kaltem Wasser und legten ihn bequem auf einige Schaffelle. Es folgte ein ruhiger Schlaf, der mehrere Stunden andauerte. Am Abende sah ich den Mann wieder, als er gerade in einem Kreise aufmerksamer Zuhörer seine Visionen und seine Gespräche mit den Geistern seiner Ahnen erzählte. Er schien sehr abgemattet und angegriffen zu sein, seine Augen waren gläsern, der Körper schlaff und die Bewegungen träge.«[103]

VIKTOR A. REKO beschreibt in seinem Buch »Magische Gifte«[104] einen geradezu abenteuerlichen Toloache-Rausch[105]:

»Ich bereitete mir einen Tee, indem ich vier mittelgroße Toloache-Blätter mit heißem Wasser übergoß, und nahm davon vor dem Schlafengehen. Das Resultat war zunächst ein bleierner Schlaf und dann, nach dem Erwachen, ein Zustand von Benommenheit und Verwirrtheit, wie etwa in einem Fieber. Ich wollte Wasser trinken und saugte an meiner Taschenuhr, obwohl mir das Unsinnige meiner Handlung völlig klar war … Die Trockenheit im Hals und Schlund waren höchst lästig, daneben fühlte ich im Gesicht eine brennende Hitze und hatte die Empfindung, als sei meine Haut auf das äußerste gespannt, so daß nur noch ein kleines Mehr genüge, um sie platzen zu lassen … Höchst unangenehm war das gesteigerte Tastgefühl. Meine Zunge stieß wie ein Fremdkörper im Mund überall an, und ich hatte förmlich das Bedürfnis, sie herauszunehmen und wegzulegen … Mit den Fingern durfte ich keinem Gegenstand nahekommen, ohne daß mich Ströme von Hitze und Kälte durchflossen. Wenn das Federbett meine Zehen berührte, die sonderbarerweise immer krampfhaft gespreizt auseinander stan-

---

103 HARTWICH 1911: 519–520

104 STUTTGART 1938 (siehe auch Literaturangaben)

105 entnommen aus: SCHMIDBAUER, W./VOM SCHEIDT, J., »Handbuch der Rauschdrogen«, Fischer Verlag 1994

den, hatte ich geradezu Brechreiz ... Mit meinem neben meinem Bette liegenden Hund wurde ich ungemein zärtlich und bedauerte ihn außerordentlich, da er alles nur so von unten sehen konnte. Ich lebte mich in diese Idee ein und glaubte bald, es gehöre gar nicht viel dazu, selbst ein Hund zu werden und sich in so einen schwarzen Kerl zu verwandeln. Das Unvermögen, klar und scharf zu sehen, war beim Erwachen ... noch am nächsten Tag vorhanden. Ich empfand es, wie wenn mir Fett oder Seife in die Augen gekommen wäre, aber durchaus nicht wie einen Defekt. An eine Atropinwirkung dachte ich nicht im entferntesten ... Am nächsten Tage, als ich nach einem wundervollen, erquicklichen Schlaf erwachte, fühlte ich mich etwas verkatert, aber sonst völlig normal ... Der unangenehme Zustand hielt ... ohne Unterbrechung, wie ein richtiger Katzenjammer, bis gegen Abend an ... Die nächste Nacht verbrachte ich unter ziemlich gutem, nur wiederholt durch Zusammenschrecken und Herzklopfen unterbrochenem Schlaf und unruhigen Träumen von erschreckender Greifbarkeit. Noch nie in meinem Leben, soweit ich mich erinnere, habe ich so ungemein plastisch, so klar und deutlich geträumt. Die Pupillen blieben ... noch mehrere Tage unnormal erweitert.«

Aussagekräftig und zugleich poetisch ist der in »Pflanzen der Götter« wiedergegebene »Jagdgesang der Pima«:

»Ich aß die Stechapfelblätter,
und die Blätter machten mich schwindelig.

Ich aß die Stechapfelblätter,
und die Blätter machten mich schwindelig.
Ich aß die Stechapfelblüten,
und das Getränk machte mich taumeln.

Der Jäger hielt den Bogen gespannt,
traf und tötete mich.

Der Jäger schnitt meine Hörner ab und warf sie weg,
der Pfeil blieb stecken.

Er traf und tötete mich,
schnitt meine Füße ab und warf sie weg.

Jetzt werden die Fliegen verrückt
Und fallen mit zuckenden Flügeln zu Boden.

Jetzt sitzen betrunkene Schmetterlinge da
und öffnen und schließen ihre Flügel.«[106]

In der Newsgroup de.soc.drogen fand ich den Erfahrungsbericht eines anonymen Users, der ein repräsentatives Negativ-Beispiel darstellt. In geraffter Form gibt dieser User besonders die typisch halluzinogenen Erfahrungen einer hoch angesetzten Dosis wieder:

»Eines Tages kamen meine bestellten Samen ***Datura stramonium*** (Stechapfel) bei mir im Briefkasten an. Nach längerem Zögern habe ich am Abend einen halben Eßlöffel dieser geschluckt. Dies war gegen neun Uhr abends. Zunächst habe ich keinerlei Wirkung verspürt, aber ich merkte rasch, dass mein Mund austrocknete – wie es zu erwarten war. Also schlürfte ich bei den Computerspielen, die ich zum Zeitvertreib nebenbei machte, immer mal wieder einen Schluck, weil das sonst ziemlich unangenehm ist. (Man glaubt ja gar nicht, was ein gut befeuchteter Mundraum wert ist!). Nach zirka zwei Stunden stellten sich dann die ersten Halluzinationen ein. Zum Glück wusste ich, dass ich in meinem Zimmer alleine war und konnte deshalb auf diese Erscheinungen entsprechend eingehen. Ich sah, wie meine Freunde auf meiner Couch hockten und sich unterhielten. Allerdings habe ich das nur gesehen, an Stimmen kann ich mich nicht erinnern – trotzdem wirkte die Situation auf mich hundertprozentig real. Das Ganze war von der

---

106 F. Russel: »Jagdgesang der Pima«, Schultes et Hofmann 1998: 110

Realität nicht zu unterscheiden gewesen, aber ich wusste ja, dass ich alleine und die Tür abgesperrt war. Dumm schaute ich nur, als ich eine SMS auf meinem Handy tippte und dieses nach den ersten paar Zeichen aus meiner Hand verschwand. Nachdem ich weiter am Computer getippt hatte, merkte ich auch, wie mein Vater neben mir hockte. Ich schaute ihn an. Doch nachdem ich einmal den Blick von ihm gewendet hatte, war er auch verschwunden. Dies funktionierte mit allen Einbildungen, die ich hatte – sobald ich woanders hinschaute, waren diese meistens verschwunden. Na ja, ich hockte mich dann noch für ein paar Stunden auf die Couch und beobachtete das Treiben in meinem Zimmer. Viele Leute sah ich noch sehr real, aber ich sah sie eben nur. Wenn ich sie anredete, schauten sie mich nur stumm an. Teilweise bewegten sie sich auch, aber wie gesagt, sobald ich meinen Blick von ihnen gewandt hatte, waren sie beim nächsten Hinschauen nicht mehr an ihren Platz. Gegen zwei Uhr (jedenfalls glaube ich, dass es so spät war …) legte ich mich dann ins Bett und schlief bis 17 Uhr durch. Keine weiteren Nebenwirkungen habe ich an diesem Tag verspürt …«

Dieser kurze Trip-Report ist geradezu beispielhaft für eine hedonistische »Nebenbei-Einnahme« einer machtvollen entheogenen Substanz. Der Konsument achtete nicht im Geringsten auf Set oder Setting. Er nahm das Material nicht einmal aus einer speziellen Motivation heraus, sondern wollte scheinbar nur wissen, was passiert, wenn man die ziemlich ungenaue Dosis von einem halben Esslöffel Stramonium-Samen zu sich nimmt. Nebenbei und zum Zeitvertreib spielte der User Computer, woraus ich auf Langeweilekonsum schließe.
Wie viele Samen passen wohl auf einen halben Esslöffel? Zehn, fünfzehn oder zwanzig? Der Leser wird hierüber im Unklaren gelassen. Dies Negativ-Beispiel soll allerdings nicht für sich allein bleiben. Es folgen zwei weitere, theoretisch zwar gut vorbereitete und genau dosierte, aber dennoch ebenso kopflose Experimente. Beide Versuche führten jeweils enge Vertraute von mir durch. Diese Berichte sind ebenfalls nicht zur Nachahmung bestimmt, sondern sollen dem Leser Warnung sein.

Trip-Report 1:

Datura stramonium im Wald gesammelt

An einem Sonntag im Sommer 1994 wachte ich morgens mit einem guten Gefühl auf. Dieser Tag sollte mir einiges an Erfahrungen bescheren – ich mochte endlich mein erstes Experiment mit einem Nachtschattengewächs durchführen. Wochenlang hatte ich mich durch Lesen vorbereitet. Drogenliteratur hatte ich seit 1990 schon massig angesammelt. Mit meinem damaligen psychedelischen Weggefährten, nennen wir ihn Roman, sammelte ich einige Tage zuvor im Wald Tollkirschenblätter und -beeren sowie Blätter und Früchte der *Datura stramonium*. Da wir vor den Atropa-Beeren noch einige Furcht hatten, so wie wir im Allgemeinen die Tollkirsche für gefährlicher als den Stechapfel hielten, bereiteten wir uns also am Nachmittag dieses wunderschönen Sonntages zunächst eine Mischung aus vier Gramm Haschisch, etwas Tabak und sechszehn getrockneten Datura-Blättern. Um erst mal einen Anfang zu finden und um in etwa abschätzen zu können, wie die Inhaltsstoffe des Gewächses wirken. Jeder rauchte zu Beginn zwei Wasserpfeifen der Kombination. Die Effekte der Mixtur waren von denen einer normalen Cannabis-Rauchmischung deutlich different. Der Geschmack des gerauchten Stechapfels erinnerte mich unwillkürlich und immer wieder an den von gerauchten Coca-Blättern. Später erfuhr ich durch Recherche in meiner Bibliothek, dass Cocain und die Tropanalkaloide eng miteinander verwandte Verbindungen sind. Die schon vom Hanf bekannte Mundtrockenheit wurde vom Stechapfelgenuss bis ans Limit des Erträglichen maximiert, mein Rachen und Hals kamen mir vor, als hätte ich eine Ladung halbgetrockneten Flüssigklebers verzehrt. Ein komischer Vergleich, aber passend. Schlucken war mir fast nicht mehr möglich, auch ein extra bereitgestelltes kühles Limonadengetränk konnte niemals mehr als zwei bis vier Sekunden Linderung verschaffen. Allerdings war der psychische Effekt für mich sehr angenehm, obgleich meine sowieso schon immanent vorhandene Verwirrtheit sich durch die Tropanalkaloide noch verstärkte. Blieb ich aber mit geschlossenen Augen und im Zustand der Versunkenheit still im Sessel sitzen, so eröffnete sich mir ein bunter Reigen der Glücksgefühle und Gedanken. Die Wirkung hielt für etwa eine Stunde die anfängliche Intensität, flachte dann aber relativ schnell ab und war nach drei Stunden gänzlich verschwunden. Nun war es zum Glück erst später Mittag, wenn ich mich recht entsinne, gegen 14.30 Uhr. »Der Tag ist noch lang«, dachte ich bei mir und schielte schon ständig auf die noch verfügbaren, wunderschön stacheligen Datura-Früchte und ihren wertvollen Inhalt, die Samen. »Lass uns die Samen auch probieren«, sagte ich zu Roman, »aber vielleicht auch erstmal geraucht«. So bereiteten wir eine weitere Mischung, diesmal aus etwa zwei Gramm Shit, Tabak und zehn getrockneten Daturasamen. Das Rauchen dieser Mischung induzierte allerdings keine weiteren Wirkungen, außer denen des Tabaks und des THC. Ziemlich enttäuscht und ebenso draufgängerisch beschlossen wir nun, die Samen auf oralem Wege zu uns zu nehmen. Jeder erhielt fünfzehn frische Stechapfelsamen, ein – wie ich heute finde – völlig hirnloses Unterfangen, wussten wir ja nicht viel bis gar nichts über die Potenz, also den Wirkstoffgehalt der Samen. So hackten wir also das Samenmaterial so gut es ging in Stückchen und spülten die Brösel mit Pfefferminztee hinunter. In den folgenden zwei Stunden unterhielten wir uns über die erlebte Wirkung der gerauchten Datura-Blätter, die uns beide gleichermaßen begeistert hatte, kifften unser Dope und warteten auf die Effekte der eingenommenen Samen. Und es blieb beim Warten. Außer der bei uns durch ständigen Konsum bedingten chronischen Cannabinoidwirkung, verspürten wir beide keinerlei sonstige psychische Veränderung. Im Nachhinein entschied ich, während des nächsten Experiments mit Stechapfelsamen auf den Konsum von anderen Entheogenen, auch auf das vorherige Rauchen von Datura-Blättern, zu verzichten. Die Einnahme von fünfzehn uns bisher unbekannten, in freier Wildbahn gesammelten Datura stramonium-Samen darf man als äußerst unbedarft, unerfahren, ignorant und dumm bezeichnen. Mit psychonautischer Neugier hat das meines Erachtens nicht viel zu tun und so war ich froh, dass niemandem etwas passiert ist und machte mir zum Vor-

satz, derartige Versuche künftig zu Beginn mit wesentlich niedrigeren Dosierungen durchzuführen.
Zur Erklärung des Hintergrundes: Zwar hatte ich, wie erwähnt, zuvor sehr viel über die Solanaceen gelesen, so wie ich es immer vor Selbstversuchen mit fremden Substanzen tat, allerdings törnte mich die Aktivität der gerauchten Blätter so sehr an, dass ich auf Teufel komm raus unbedingt die stärkere Wirkung der Samen erleben wollte. Jegliches Verantwortungsbewusstsein und jede Vernunft schien mich zu diesem Zeitpunkt verlassen zu haben. Mein Freund Roman verhielt sich in punkto psychoaktive Gewächse künftig sehr reserviert und probierte in der Hauptsache nur noch solche, deren relative körperliche Ungefährlichkeit bekannt war, wie die Psilocybinpilze. Ich selbst habe noch oft erfolgreich und sinnbringend mit den Samen experimentiert, allerdings sehr, sehr vorsichtig.
Die Einnahme von fünf frischen Samen der ***Datura stramonium*** induzierte, bis auf ein kaum spürbares Schwindelgefühl keine Effekte.
Ein Versuch mit sieben Samen derselben Pflanze und Frucht hatte ein gleiches Ergebnis zur Folge.
Nach dem Genuss von neun beziehungsweise zehn[107] Datura-Samen stellte sich ein eindeutiges High verbunden mit der schon vom Rauchen der Blätter bekannten Mund- und Rachentrockenheit ein. Ich war ein wenig benommen und hatte leichte Koordinationsprobleme. Der schwache Rausch klang nach etwa drei Stunden relativ schnell und angenehm ab. Ich begriff zuerst nicht recht, wieso neun und zehn Samen in beiden Versuchen eindeutige psychoaktive Wirkung verursachten, die fünfzehn Samen beim Experiment mit Roman aber keine Effekte zur Folge hatten. Ich kann mir diesen Umstand nur anhand zweier Parameter veranschaulichen und erklären:

1. Der übermäßige Konsum verschiedenster Psychedelika vor, während und nach dem Stechapfelsamen-Bioassay (am Tag zuvor hatte ich sowohl MDMA als auch LSD zu mir genommen, Haschisch beziehungsweise Marijuana rauchten wir sowieso unablässig).

---

[107] in einem anderen Selbstversuch

2. Set und Setting stimmten nicht. Während ich, bedingt durch meine ständige theoretische Beschäftigung mit den psychoaktiven Drogen, eine zu große Erwartungshaltung entwickelt hatte, war Roman eher unsicher und etwas geängstigt. Zudem hatten wir uns nicht, wie sonst, die Umgebung entsprechend vorbereitet, sondern handelten eher vorschnell und spontan.

Durch die vielen Experimente relativ erfahren, führte ich in den folgenden Jahren eine ganze Reihe gut vorbereiteter Bioassays mit Samen der ***Datura stramonium*** und ***Datura metel*** durch. Fünfzehn bis zwanzig Samen können nach meiner Erfahrung heftigste, mitunter Delirien artige Intoxikationen zur Folge haben, deren Symptomatik von psychedelisch, stark visionär und halluzinogen bis körperlich unangenehm und geistig verwirrend reicht. Dabei ist die Wirkung nicht zu unterscheiden, von der durch Datura-Blattwerk oder -Blüten induzierten. Bezogen auf die vordergründig symptomatische Art des Rausches, spielt es meiner Ansicht nach keine Rolle, ob Pflanzenmaterial geraucht, gegessen oder in Form eines Auszuges getrunken wird. Halluzinationen allerdings, hatte ich nach dem Rauchen von Solanaceen niemals.

Al K. Loid

Trip-Report 2:

Ein Aufguss aus zwei Blüten der ***Brugmansia suaveolens***

Ich bereitete mir eines Samstages im August 1996 einen Aufguss aus zwei großen Blüten meiner im Kübel gehaltenen ***Brugmansia suaveolens.*** Ungezählte zuvor zelebrierte Bioassays mit Pflanzenmaterial von Brugmansia, Datura, Atropa und Hyoscyamus machten mich meiner Sache sehr sicher. Zu sicher …

Ich trank also die Tasse in zwei Schlucken leer und harrte der Dinge, die da kommen mochten. Nach einer guten Stunde verspürte ich das erste, von den Nachtschattengewächsen vertraute Schwindelgefühl, gepaart mit der typischen unangenehmen Trockenheit der Schleimhäute in Mund und Hals. Innerhalb von wenigen Minuten verstärkte sich der Schwindel. Ich hatte große Schwierigkeiten, klar zu sehen, da meine Augen irgendwie tränten (wenn das der Spiegel auch nicht bestätigte) und sich ein Film auf ihnen zu bilden schien. Meine Hände und Beine begannen zu zittern und langsam aber sicher durchschlich ein widerliches, furchtbares Stechen und Jucken meinen ganzen Körper, welches sich immer mehr verstärkte. Bald war ich, ob der heftigsten halluzinogenen Wirkung und der körperlichen Ausfallerscheinungen so weit zu glauben, ich müsse ins Krankenhaus. Die Panik potenzierte sich, als meine Frau mich erblickte und diesen Gedanken in kreischende Worte kleidete. »Wie siehst du denn aus? Um Himmels Willen … ich hole lieber den Notarzt.« Dummerweise hatten sich für diesen Nachmittag meine Schwiegereltern angekündigt, deren Besuch nun immer näher rückte. Ich konnte meiner gebeutelten Frau den Anruf bei der Rettungsleitstelle gerade noch ausreden. Irgendwie schaffte ich das, trotz der unglaublichen Angst, welche durch mein rasendes Herz, das Stechen und Jucken des gesamten Körpers sowie die allgemeinen Vergiftungsgefühle nur noch schlimmer wurde. Mittlerweile ereilten mich täuschend echte Halluzinationen von Personen, die (wie erst im Nachhinein bemerkt) natürlich niemals anwesend waren, Menschen, die ich seit Jahren nicht gesehen hatte: frühere Mitschüler oder Kollegen, Eltern von ehemaligen Bekannten usw. Leider konnte ich zu diesem Zeitpunkt nicht mehr ausmachen, was überwog: die eigentlich recht angenehmen Trugbilder vergangener Zeiten oder die schweren körperlichen Probleme. Ich hätte mich am liebsten hingelegt und geschlafen, doch war das nicht möglich. Wenigstens legen konnte ich mich irgendwann. Nach einiger Zeit, es mochten Stunden gewesen sein, hatte sich die mächtige Wirkung der Brugmansia einigermaßen gelegt und ich war wieder in der Lage mich meinen Mitmenschen zu präsentieren. Meine Frau erklärte ihren Eltern, ich litte unter eine Grippe, unser Sohn war zum Glück zu dieser Zeit der Sprache noch nicht mächtig. Ich trank den ganzen Abend viel Saft und Wasser, wie mein Körper es verlangte. Die folgende Nacht schlief ich zwar fest, doch unstet. Ein ständiger Harndrang zwang mich mehrfach mein Bett zu verlassen und die Toilette aufzusuchen. Sobald ich aufstand, ereilte mich das Gefühl des Schwindels, welches zu Beginn eines Tropanalkaloid-Trips typisch ist. Noch halb in einem Zustand somnolenter Trance, befürchtete ich eine Wiederholung der Wirkung, welche sich glücklicherweise nicht einstellte.

Dieser Versuch zeigte mir auf anschauliche, einprägende Art, wie unberechenbar die Potenz bzw. Wirkung der Pflanze ist. Obgleich ich etliche Erfahrungen in so gut wie jeder Form und Dosierung mit den Nachtschattengewächsen machte und glaubte, nichts und niemand könne mich mit Tropanalkaloid haltigen Pflanzen noch beeindrucken, durchlebte ich einen – vorwiegend physischen – Horrortrip par excellence. Eine derartige Panik hatte ich niemals wieder im Zusammenhang mit Entheogenen, schon gar nicht mit solchen, die ich vorher jahrelang kannte. Ich glaube, mein Schutzengel hatte an diesem Samstag einen der schwersten Tage seines Jobs bisher.

MB

Wie den Erfahrungsberichten zu entnehmen ist, sind die Übergänge zwischen psychedelisch hochpotenter Wirkung und gefährlicher Überdosierung nur sehr schwammig, oftmals ineinander übergehend. Daher betrachten wir nun die Gefahren eines Datura- beziehungsweise Brugmansia-Konsums.

Intoxikation und Therapie

Hat ein experimentierwütiger User es nicht lassen können und sich eine Tropanalkaloid-Intoxikation (= Vergiftung) zugezogen, kann laienhafte medikamentöse Hilfe ausschließlich per medizinischer Aktivkohle eingeleitet werden. Des Weiteren ist sofort ein Notarzt zu rufen und zwar vorzugsweise der des Rettungsdienstes, nicht der notdienstliche Hausarzt. Der Rettungsdienst ist im Notfall innerhalb von zehn Minuten vor Ort, der diensthabende niedergelassene Mediziner könnte durch andere zu behandelnde Patienten aufgehalten werden.

Der Vergiftete ist dringend zu beruhigen (»Talk-Down«), und sollte, möglichst Wasser oder Saft zu trinken bekommen. Hat der Konsument sich nur leicht vergiftet, können die körperlichen Beschwerden nachlassen, sich vielleicht sogar (nach ein bis drei Stunden) einstellen. Ist die Vergiftung hingegen schwerwiegend, muss schlimmstenfalls mit dem Äußersten gerechnet werden.

Die Internetpräsenz der Universität Erlangen, Fachbereich Pharmazeutische Biologie, bietet ein übersichtliches und informatives Kompendium zum Thema Giftpflanzen und Intoxikationen. Auch zur Vergiftung durch ***Datura stramonium*** findet sich ein kurzes, aus der Realität gegriffenes Fallbeispiel. Der zu behandelnde Patient war ein Kleinstkind:

»Beratungsstelle für Vergiftungserscheinungen, Berlin: Neun Monate altes Kind biss in ein Blatt. Nach 1 1/2 Stunden Temperaturanstieg auf 38,6 Grad Celsius, trockene Zunge, Mydriasis, euphorisch. Nach vier Stunden klangen die Symptome ab. Kind war unauffällig.« [108]

---

108 http://www.biologie.uni-erlangen.de/pharmbiol/vor_arzneipfl,mikroorg,viren%20II/giftpflanzen.html (Link »Klassische Giftpflanzen«)

Interessanterweise setzen mexikanische Indianerstämme den Peyote-Kaktus (***Lophophora williamsii***) bei Toloache-, also ***Datura innoxia***-Vergiftung ein. Aus welchem Grund oder wegen welcher Inhaltsstoff Lophophora zu einem wirksamen Antidot bei Tropanalkaloid-Intoxikation macht, konnte ich bis heute nicht aufdecken. Falls allerdings hierzulande jemand unter einer akuten Vergiftung durch Nachtschattenpflanzen leidet, sollte er unter keinen Umständen eventuell verfügbarer Peyote verabreicht bekommen, sondern sind folgende Tipps und Hinweise zu beachten.

Es folgt nun eine Übersicht der Vergiftungssymptome sowie der empfohlenen Maßnahmen.

Überdosiertes Alkaloid (Atropin, Scopolamin)

Maßnahme Laie: Notarzt rufen, medizinische Aktivkohle (maximal ein Gramm pro Kilogramm Körpergewicht; Patient von 70 Kilo erhält maximal 70 Gramm der Kohle), Flüssigkeitszufuhr (Wasser oder Saft, niemals Milch!), Talk-Down

Maßnahme klinisch: Antidot Physostigminsalicyclat (Anticholium®) oder Pilocarpin. Bei Kindern 0,5 Milligramm (maximal, in fünf-Minuten-Abständen, bis zu 2 Milligramm insgesamt), bei Erwachsenen zwei Milligramm (im Bedarfsfall können alle 20 Minuten ein bis vier Milligramm appliziert werden). Weiterhin: Natriumsulfat.

Arrhythmie/Herz-Rhythmus-Störungen

Maßnahme Laie: Notarzt rufen, Talk-Down

Maßnahme klinisch: Antidot Physostigmin (Anticholium®)

Atemlähmung

Maßnahme Laie: Notarzt rufen, Laien-Beatmung (Mund-Nase, Mund-Mund)

Maßnahme klinisch: Intubation, Beatmung

Krämpfe (klonisch)

Maßnahme Laie: Talk-Down
Maßnahme klinisch: Diazepam®, andere Benzodiazepine oder Barbiturate.

Fieber/Hyperthermie

Maßnahme Laie: Flüssigkeitszufuhr (Wasser, Saft), Wadenwickel
Maßnahme klinisch: Antidot Physostigmin (Anticholium®), Wadenwickel

Hautrötung

Maßnahme Laie: keine
Maßnahme klinisch: Antidot Physostigmin (Anticholium®)

Mundtrockenheit

Maßnahme Laie: Flüssigkeitszufuhr (Wasser, Saft)
Maßnahme klinisch: Antidot Physostigmin (Anticholium®)

Mydriasis (Einseitige Pupillenerweiterung)

Maßnahme Laie: keine
Maßnahme klinisch: Antidot Physostigmin (Anticholium®)

Halluzinationen

Maßnahme Laie: Talk-Down
Maßnahme klinisch: Antidot Physostigmin (Anticholium®)

Verlangsamung der Magen-Darm-Aktivität (Anticholinerger Effekt)

Maßnahme Laie: keine
Maßnahme klinisch: Antidot Physostigmin (Anticholium®)

Erregungszustand/Delirium

Maßnahme Laie: Talk-Down
Maßnahme klinisch: Diazepam® (z. B. Valium®), andere Benzodiazepine oder Barbiturate.

CAVE! Die Tropanalkaloid-Vergiftung kann im schlimmsten Fall zum Tod durch zentrale Atemlähmung, Arrhythmie und Herz-Kreislauf-Stillstand führen!

Kontraindikationen

Gewisse Medikamente dürfen bei bestimmter Symptomatik nicht verabreicht werden, sind also kontraindiziert. Dies ist zum Beispiel der Fall, wenn Arzneien die Vergiftungsfolgen potenzieren.
Bei Tropanalkaloid-Vergiftung sind kontraindiziert:

- Phenothiazin (unter anderem bei Atosil®): Erhöhung des anticholinergen Effekts[109]
- Morphine und Opiate: Synergieeffekt mit Acetylcholin-Antagonisten[110]
- Physostigminsalicyclat (Anticholium)[111]: bei Bradykardie (verlangsamte Herzfrequenz), starkem Speichelfluss oder Erbrechen; die Applikation ist unter diesen Symptomen sofort einzustellen!

Stechapfel und Engelstrompete in der Presse

»Es sind die unmenschlichen Drogengesetze, die es den jungen Menschen unmöglich oder schwer machen, an die harmlosen Substanzen, wie z. B. Cannabis oder Codein, heranzukommen. Engelstrompetenopfer sind deswegen auch Prohibitionsopfer.«
(MÜLLER-EBELING et al. 2001: 178)

---

109 unterdrückt die Wirkung des physiologischen Neurotransmitters Acetylcholin, welche durch Atropin oder Atropin-artige Wirkstoffe ebenfalls gehemmt wird.

110 Synergie = Zusammenwirkung, Zusammenarbeit; Morphine und Opiate erhöhen also die Acetylcholin-Antagonisierung; bewirkt eine Acetylcholin-Hemmung.

111 ACHTUNG! Dies im Allgemeinen bei Tropanalkaloidvergiftung angegebene Antidot darf bei einer bestehenden Bradykardie (= pathologisch verlangsamte Herzfrequenz) nicht verabreicht werden!

Natürlich veröffentlich die Presse auch Meldungen über Intoxikationen, die durch Drogen ausgelöst wurden, und schmückt gerade diese – der erhöhten Aufmerksamkeit halber – gerne ein wenig aus. Schon Victor A. Reko führt in »Magische Gifte« zwei Zitate aus der Tagespresse von 1935 an.

Freie Presse Texas vom 17. Juni 1935, San Antonio

»Bei einer Razzia in den Kneipen am Ufer des Rio Grande stöberte die Polizei kürzlich einen Mann auf, der in einem seltsam apathischen Zustand den Kopf auf den Tisch hängen ließ und sich nicht rührte. Auf Befragen der Beamten erklärte der Wirt, der Mann hocke schon seit zwei Tagen so da, gehe nicht weg und gebe auf alle Fragen keine Antwort. Er wäre mit einem Indianerpaare gekommen, mit denen er eine relativ kleine Zeche gemacht hätte. Die Frau habe alles bezahlt und sei dann mit dem Indianer weggegangen. Wo die beiden seien, wisse er nicht.

Die Beamten hoben den Kopf des Fremden hoch und erkannten in ihm einen Europäer, der vermutlich erst vor kurzem aus Mexiko herübergekommen sein mochte. Irgend welche Papiere trug der Unbekannte nicht mit sich. Man brachte den halb Bewußtlosen, der nur unverständliche Worte vor sich hinmurmelte, eilig ins Krankenhaus. Nach gründlicher Untersuchung stellten die Ärzte eine Vergiftung durch eine ***Datura sp.*** fest, die in El Paso Texas, in den letzten Wochen schon einigemale zur Beobachtung gekommen war. Derartige Vergiftungen rufen einen drei- bis vierwöchentlichen Betäubungszustand hervor, bei wiederholter Zufuhr des Giftes jedoch dauernde Verblödung (Doc. Ined. Nr. 348).« [112]

El Grafico vom 14. Dezember 1935, Mexiko

»In einem Nachtkaffee in der Calle Ribera de San Cosme wurde ein Mann aufgegriffen, der dort seit Stunden mit einem jungen Mädchen saß, und anscheinend plötzlich jede Erinnerungsfähigkeit verloren hat-

112 Reko 1938: 109

te. Das Mädchen gab an, er hätte mit ihr seit Mittag gekneipt, verschiedene Restaurants und Schnaps-Bars aufgesucht, aber bei aller Gastfreundlichkeit sich nicht als der erwartete feurige Liebhaber erwiesen. Sie habe ihm dann ein Pulver, das sie am Markte gekauft und das Männer außerordentlich verliebt machen sollte, in den Kaffee gegeben … ganz wenig nur. Nach dem Genusse dieses Kaffees sei der Mann in seinen jetzigen Zustand verfallen. Sie bekam Angst, es habe ihn etwa der 'Schlag' getroffen und bat den Wirten, eine Ambulanz des roten Kreuzes holen. Die Ärzte stellten bald eine Vergiftung durch ***Datura sp.*** (Toloachi) fest.«[113]

Die modernen Horrormeldungen

Selbst unter Berücksichtigung aller tatsächlichen Gefahren, welche mit dem Konsum der Tropanalkaloid-haltigen Solanaceen einhergehen, sind die übertriebenen, reißerischen Horrormeldungen der (vorsätzlich desinformierten oder die Wahrheit unterschlagenden) Tagespresse nichts weiter als Leserfang, Meinungsmache und Tatsachenverdrehung. Die Lächerlichkeit dieser Panikmache möchte ich am Beispiel einiger solcher Zeitungsenten verdeutlichen und diese damit zugleich infrage stellen.

113 Reko 1938: 109–110

Natürlich sind diese Headlines echte Hingucker für das sensationsgierige Publikum. Ob solcherlei Meldungen tatsächlich der Wahrheit entsprechen, vermag der unbedarfte Leser nicht ohne weiteres zu beurteilen. Sehen wir uns einige der lächerlichsten Behauptungen an:

Behauptung 1:

»Die Blume [Brugmansia; Anmerkung des Verfassers] enthält jedoch große Mengen an Atropin und Scopolamin. Diese Alkaloide sind giftig, gelegentlich tödlich.«[114]

In dieser Meldung wird behauptet, dass die Blume, also die Engelstrompete im Allgemeinen, Atropin in großen Mengen enthalte. Fehlinformation! Das Hauptalkaloid der Engelstrompeten ist Scopolamin. Die Pflanzenteile einiger Arten, wie zum Beispiel die Blüte von ***Brugmansia sanguinea***, enthalten Atropin als Hauptalkaloid. Dies ist jedoch eher die Ausnahme. Die Behauptung, die Alkaloide seien giftig und gelegentlich tödlich, ist von einer unglaublichen Unsachlichkeit gekennzeichnet. Wie ist das zu verstehen? Ist es nicht so, dass auch Zucker – um nur eines von tausenden möglichen Beispielen zu nennen – gelegentlich tödlich ist? Der Leser dieses Buches weiß mittlerweile, dass ausschließlich der falsche Gebrauch beliebiger Substanzen gelegentlich zum Tode führt.

Behauptung 2:

»Fliegenpilze, Stechapfel, Tollkirschen – eine Pflanze ist gefährlicher als die andere.«

Wie vermessen und ignorant muss ein Schreiberling eigentlich sein, um eine solche Nachricht in die Welt zu setzen? Natürlich ist uns bekannt, dass die gängige Tagespresse nicht unbedingt auf die Wahrheit spezialisiert ist. Doch den Fliegenpilz auf eine gleiche Stufe mit Datura und Atropa zu stellen, zeugt von unglaublicher Ignoranz. Nicht nur, dass ***Amanita muscaria*** gänzlich andere Inhaltsstoffe als Stechapfel und Co

---

114 Aus: Frankfurter Rundschau, 30. Januar 2001, Artikel »Gefährlicher Trip mit Engelstrompete«

aufweist. Im Gegensatz zu diesen ist der Fliegenpilz noch nicht einmal giftig – das sei nur am Rande bemerkt, denn schließlich ist dies kein Pilzbuch.

Behauptung 3:

Den dicksten Hammer druckte die »Neue Zürcher Zeitung« am 23. Juli 1998. Unter dem Titel »Tödliches Experiment mit Engelstrompeten-Tee« wird die tragische Geschichte einer zwanzigjährigen Frau erzählt, die angeblich nach dem Konsum von einem Engelstrompetenaufguss gestorben war. Allerdings entschärft das Blatt die Meldung gleich selbst: »Die Untersuchungsbehörden kennen auch die genaue Zusammensetzung und Konzentration des Gebräus noch nicht.«

Einige Tage später sprang auch die »Basler Zeitung« auf diese Geschichte an und erläutert dem aufgeklärten Leser am 27. Juli 1998, wie die dargestellten Umstände zu bewerten sind. »Der Tee enthielt die giftige Substanz aus der Pflanze 'Engelstrompete', die zu Halluzinationen führt. Die genaue Todesursache ist wissenschaftlich noch nicht geklärt. Möglicherweise hat eine Kombination mit Alkohol zum Tod der Frau geführt. In der Schweiz war bisher kein Todesfall wegen Konsums von Engelstrompeten bekannt.«

Rechtslage

Die Pflanzen, Pflanzenteile und Inhaltsstoffe aller Arten der Gattungen Datura und Brugmansia unterliegen nicht dem Betäubungsmittelgesetz und sind frei verfügbar.
Für wild wachsende Pflanzen gelten keine Ernteauflagen oder -verbote. Synthetische und/oder isolierte Tropanalkaloide unterliegen dem Arzneimittelrecht, nicht aber der Betäubungsmittelverordnung. ***Datura stramonium*** ist seit dem 19. Juni 1985 (Anlage 1: 301) laut der so genannten »Kosmetikverordnung« als kosmetischer Stoff verboten.

Datura im Alltag

Auch im täglichen Leben ist der Einfluss dieser heiligen Gewächse auf die menschliche Kultur hin und wieder erkennbar. Kulturhistorisch betrachtet, liegt das zum einen sicherlich an der entheogenen, also schamanisch nutzbaren Wirksamkeit der Pflanzen, zum anderen aber bestimmt auch an der Grazie und geheimnisvollen Erscheinung einer »Giftblume« (ähnlich dem Fliegenpilz ***Amanita muscaria***).

Literatur

E. T. A. Hoffman schrieb 1821 die satirische Erzählung »Datura fastuosa (Der schöne Stechapfel)« [115]:
»Nicht gar zu fern vom Tor blühte eine Datura fastuosa (schöner Stechapfel) mit ihren herrlich duftenden, großen, trichterförmigen Blumen

[115] Nachdruck in praktisch allen Hoffmann-Gesamtwerksausgaben

in solch glanzvoller Pracht, daß Eugenius mit Scham an die ärmliche Gestaltung dachte, die das selbe Gewächs in seinem Garten zeigte. (…) Da schwebten, wie von Abendlüften getragen, süße Akkorde eines unbekannten Instruments aus den fernen Zaubergebüschen, und leuchtend stiegen die wunderbaren Himmelstöne einer weiblichen Stimme empor. – Es war eine jener Melodien, die nur die Liebesbegeisterung des Südens aus der tiefsten Brust hervorzurufen vermag, es war eine spanische Romanze, die die Verborgene sang.«[116]

Die von Ruth Rendell verfasste Kriminal-Kurzgeschichte »Stechapfel«[117], handelt von einem jungen Mann, der sich intensiv mit Giftpflanzen befasst. Aus allen möglichen toxischen Gewächsen stellt er verschiedenste Gifte und Tränke her. Eines Tages entdeckt er in seinem Garten einen Stechapfel, in welchen er sich sofort verliebt. Das von ihm daraus hergestellte Gift richtet allerdings unbeabsichtigt Schaden an …
Der Dichter EDUARD MÖRIKE schuf ein wunderschönes, geradezu aphrodisisches Gedicht, welches vom Stechapfel beziehungsweise von der Einnahme desselben handelt:

»Ich sah eben ein jugendlich Paar, o Blume Dianas,
Vor dir stehen; es war Wange an Wange gelegt.
Beide sie schlurften zugleich den unnennbaren Duft aus dem weiten,
Schneeigen Becher und leis hoert ich ein doppeltes Ach!
»Kuesse mich!« sagte sie jetzt, und mitten im Strome des Nektars
Atmend wechselten sie Kuesse, begeisterten Blicks.
– Zuern, o Himmlische, nicht! Du hast fuerwahr zu den Gaben
Irdischer Liebe den Hauch goettlicher Schoene gemischt.
Eduard MÖRIKE – Datura suaveolens«

116 E. T. A. HOFFMANN, Seite 358
117 Audiobuch Freiburg 2000

Datura im Märchen

Dr. Michael Küttner, Autor des Buches »Der Geist aus der Flasche: Psychedelische Handlungselemente in den Märchen der Brüder Grimm«, interpretiert in seinem Werk viele der Grimm'schen Märchen, unter anderem »Rotkäppchen«, »Die Bremer Stadtmusikanten« und »Herr Gevatter«, als durch Nachtschattengewächse induzierte Rauscherlebnisse. Gleich zu Beginn erläutert Küttner seine Theorie anhand einer aus dem Leben gegriffenen Intoxikation durch einen Stechapfel-Aufguss:
»Karl, ein junger Amerikaner, bereitete sich irgendwo in den Wäldern Südkaliforniens ein Getränk aus dem Stechapfel und trank es in großer Menge. Bald darauf erkrankte er mit Fieber, Umtriebigkeit und Erregung, Ataxie, Schwitzen. Er trank unmäßig Wasser, brach öfters zusammen, erhob sich wieder, um weiter ruhelos umherzuwandern. Er verirrte sich und rannte stundenlang barfuß im Wald herum, verletzte sich in Brennesseln und kratzigem Gesträuch. Dabei unterlag er furchtbaren Halluzinationen von Dämonen, Teufeln und Voodoo-Leuten, die ihn verfolgten: Die Voodoo-Leute waren imstande, Menschen im Bäume zu verwandeln – Karl erfuhr dies, als er sich mit den Opfern unterhielt. Bestrebt, die Zauberer abzuwehren, legte Karl mehrere Waldbrände, bis er schließlich von einem Jagdaufseher aufgegriffen und ins Krankenhaus verbracht wurde: Es dauerte mehrere Tage, bis er wieder klar war. Es ist unschwer zu bemerken, daß Karl ein Märchen erlebte. All seine Drogenvisionen: die Verfolgung durch dunkle, hexische Unholde und böse Geister, die Verwandlungsideen, die Flucht, bei der findige Maßnahmen ersonnen werden müssen, die düsteren Mächte aufzuhalten – all dies sind Kernmotive des Volksmärchens in aller Welt.«[118]
Etwas später ist zu lesen, dass Karl die beschriebene Datura-Intoxikation als »most frightening hallucinogenic experience in his life« bezeichnete.[119]
Besonders der Tollkirsche, ***Atropa belladonna***, ist nach Küttners Interpretation in den Geschichten der Gebrüder Grimm von zentraler Be-

---

118 Küttner 1999: 9
119 Küttner 1999: 68

deutung. In vielen Märchen haben die Hexen rote Augen und sehen nicht weit. Dies könnte eine Anspielung auf eine durch ***Atropa belladonna*** induzierte Atropinwirkung sein.

Die Tollkirsche mit ihrem Hauptalkaloid Atropin ruft im Falle einer Überdosierung häufig schlimmere Vergiftungserscheinungen hervor als die anderen ihr verwandten Solanaceen wie Stechapfel (***Datura stramonium***), Bilsenkraut (***Hyoscyamus niger***) oder Alraune (***Mandragora officinarum***). Diese enthalten statt des hohen Atropin-Gehalts mehr Scopolamin und haben entsprechend weniger ausgeprägte Vergiftungserscheinungen zur Folge.

»Hier nun wollen wir jene Symptome betrachten, die den Nachtschatten-Halluzinogenen zu volkstümlichen Namen wie Narrenkraut, Dollkraut und ähnlichen verhalfen. Als Auslöser dieser eher harmlosen Erscheinungen kommen Pflanzenteile in Frage, in denen mehr Scopolamin als Atropin enthalten ist. Ein hoher Atropingehalt führt meist zu schweren, von starker Unruhe bis hin zur Raserei gekennzeichneten Verlaufsformen, die oft zum Koma führen; viele Tollkirschvergiftungen sind für dieses Krankheitsbild typisch, man fand es häufig bei medizinalen Atropinvergiftungen.

Hingegen überwiegt im Stechapfel, hier vor allem in jüngeren Pflanzen, im Bilsenkraut und dem Alraun meist das Scopolamin. Beim Genuß dieser Drogen kommt es, sofern nicht allzuviel Gift aufgenommen wurde, zu leichteren, von Delirien, Visionen, Illusionen und Halluzinationen beherrschten Krankheitsbildern, vor allem aber auch zu jenem oft beschriebenen täppisch-verschrobenen, 'närrischen' bis 'idiotischen' Verhalten, das gerade bei Massenvergiftungen unbetroffenen Beobachtern häuft Anlass zur Heiterkeit gibt: eine 'vorübergehende, drollige Verrücktheit' hat man treffend dieses Syndrom genannt. 'Der Stechapfel', schreibt Römpp, 'macht die Leute zu läppischen, gutmütigen Narren und dummen Augusten, die in harmloser Vielgeschäftigkeit allerlei sinnlosen Tätigkeiten obliegen'. Leicht ablenkbar seien die Kranken, unaufmerksam und zerfahren.«[120]

---

120 Küttner 1999: 95 f.

So sei laut KÜTTNER auch die im Wald hausende Räubergesellschaft durch Nachtschattengewächse berauscht gewesen, als sie von den »Bremer Stadtmusikanten« jäh vom prall gefüllten Abendtisch vertrieben wurde, und meinte Esel, Hund, Katze und Hahn (welche in Wahrheit Menschen, nämlich ein Knecht, ein Jäger, eine Magd und ein Nachtwächter waren) zu erkennen.
Schauen wir uns an, was KÜTTNER in diesen Zusammenhang zum Stechapfel und seinen Verwandten zusammengetragen hat:
»In Montpellier trieb Ende des 18. Jahrhunderts eine Räuberbande ihr Unwesen, indem sie Reisenden Samenkörner vom Stechapfel, hoch dosiert, in den Wein praktizierte; die Vergifteten fielen in schwere Betäubung und ließen sich ohne Geschrei ausrauben. Der Hauptmann dieses Endormeurs gestand nach seiner Verhaftung verschämt, daß viele der Reisenden durch eine zu große Gabe des Mittels in einen tiefen Schlaf versunken und darin gestorben wären: andere, die eine nicht so große Gabe erhalten hätten, wären nur benebelt gewesen. Auch JOHANNES WEIER weiß von dieser heimtückischen Verwendung des Stechapfels: ›Des selbigen Samen werffen die Diebe und Strassenräuber den Leuthen / die sie berauben und plündern wöllen / in das essen / da verlieren sie gleich alle witz / lachen nur / und lassen jhnen frey ohn alle verweigerung die Diebe nemmen / was sie nur jmmer wöllen / vnnd dieselbige verrückung weret bey die vier und zwanzig stunde.‹«[121]

Grafik und Bildende Kunst

In Nord-Amerika und den südwestlichen USA wurden vermehrt aus Keramik gefertigte Weihrauchbrenngefäße gefunden, die ganz eindeutig die Gestalt einer Stechapfelfrucht besitzen. Aufgrund dieser Funde zog man Rückschlüsse auf den Gebrauch der Pflanze (siehe Abbildung).[122]
Die peruanischen Mochica (1. Jahrhundert) stellen in ihrer aphrodisi-

121 KÜTTNER 1999: 64
122 CAMILLA 1995: 106f.; KAN et al. 1989: 129, 201; LITZINGER 1981: 58ff.; RÄTSCH 1998: 199

schen Keramik-Kunst Brugmansia zusammen mit dem psychoaktiven, Meskalin-haltigen San Pedro-Kaktus (***Trichocereus pachanoi***) dar. Die beiden Entheogene sind als Bestandteil der Keramik laut RÄTSCH und MÜLLER-EBELING (2003) »allerdings ohne deutlichen aphrodisischen Bezug«.[123]

Eine im Privatbesitz von Claudia Müller-Ebeling befindliche Geschirrsammlung zeigt unter anderem wunderschöne Darstellungen von Stechapfelfrüchten.

Im Jugendstil waren Brugmansien ein häufig eingesetztes und in Kombination mit einer schönen Frau erotisch anmutendes Motiv. Besonders gern wurden Engelstrompeten auf Tapeten und Stoffen dargestellt.[124] Datura ziert(e) unter anderem in der Schweiz, in Polen, Russland und Asien verschiedene Briefmarken.

Datura-Postwertzeichen. Mit freundlicher Genehmigung aus: ERWIN BAUEREIß, Stechapfel – Halluzinogenes Nachtschattengewächs, 3. Auflage, Wurzel-Verlag 1993.

123 RÄTSCH et EBELING 2003
124 RÄTSCH et EBELING 2003

Die amerikanische Künstlerin Georgia O' Keeffe machte ***Datura innoxia*** in einigen Werken zum Inhalt ihrer Malereien. O' Keeffe lebte von 1887 bis 1986 und brachte Bilder wie »Jimson Weed« oder »White Trumpet Flower« hervor.
Der US-amerikanische Künstler Larry Mayse[125] aus Alpharetta verwendet unter anderem Datura als Motiv für seine Glasobjekte (siehe Abbildung).

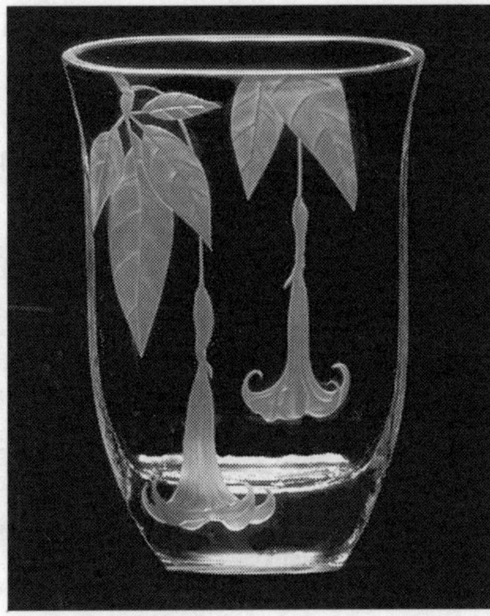

Glasobjekt mit Datura-Motiv vom amerikanischen Künstler Larry Mayse. (Foto: mit Genehmigung des Künstlers)

Paul Mantegazzas Buch »Die Physiologie des Hasses« ziert ein ausdrucksstarkes Motiv zeitgenössischer Buchkunst, welches ***Datura stramonium*** darstellt, ohne dass im Buch ein Bezug zu der Pflanze zu finden ist[126].

Quellen für diesen Abschnitt: Camilla 1995, Kan et al 1989, Litzinger 1981, Rätsch 1998, Rätsch et Müller-Ebeling 2003 sowie unzählige persönliche Mitteilungen von Claudia Müller-Ebeling und Christian Rätsch.

[125] Website des Künstlers unter http://www.natureglass.com/
[126] Mantegazza, Paul, Die Physiologie des Hasses, Jena: Hermann Costenoble, ca. 1900

Musik

Eine neuseeländische Heavy Rock-Band[127], eine japanische Alternative-Band[128] und eine italienische Techno-Combo nennen sich Datura.

Sonstiges

Aus Datura-Samen wurden Amulette gegen bösen Zauber und Hexerei gefertigt.[129]
In Indien werden aus dem Stechapfel Kosmetikprodukte, beispielsweise Anti-Schuppen-Haaröl, industriell gefertigt und kommerziell vertrieben.[130] ***Datura stramonium*** wird neben Bilsenkraut bis in die heutige Zeit zur Herstellung der so genannten »KO-Tropfen« verwendet. Ein kleiner Züricher Verlag, der nur spärlich in Erscheinung tritt, nennt sich Stechapfel Verlag. Eine Website des Verlages ist zwar nicht zu finden, aber mit Hilfe verschiedener Suchmaschinen lassen sich einige Bücher, die vom Stechapfel herausgegeben wurden, auftreiben. Auf diese Weise entdeckte ich beispielsweise ein Hexen-Tarot, das Buch »Salzlose Asche - Kurzgeschichten aus Nigeria« und den Roman »Tot geträumt und still geboren«.

---

[127] Website der Band unter http://www.cranium.co.nz/datura/

[128] Website der Band unter http://datura_web.tripod.co.jp/

[129] Rätsch et Müller-Ebeling 2003: 652 (zitiert aus: Seligmann 1996: 257)

[130] Rätsch et Müller-Ebeling 2003: 652

Berauschte Tiere: Die Schwärmer und der Stechapfel

Verschiedene Arten von kleinen Nachtschmetterlingen, so genannte Schwärmer, berauschen sich während der Bestäubung an den Blüten einiger Stechapfel-Spezies. Zu diesem Zweck entwickelten sich evolutionär die langen Saugrüssel der kleinen Falter. So wurde nachweislich beobachtet, dass der in Arizona beheimatete Schmetterling ***Manduca quinquemaculata*** sich vom Nektar der ***Datura meteloides*** ernährt und diese dabei bestäubt. Nachdem ein Schwärmer den Nektar aufgenommen hat, flattert er benommen umher und ist sichtlich berauscht. Obwohl den berauschten Tierchen die Koordination Schwierigkeiten bereitet, sie immer wieder zu Boden fallen und somit zur leichten Beute für jedes Tier werden, das in der Hierarchie der Nahrungskette oberhalb der Schmetterlinge steht, kehren sie stets zur psychoaktiven Daturablüte zurück, um sich erneut zu berauschen.

Quellen für diesen Abschnitt: Grant et Grant 1983, Samorini 2002

Telefonnummern für den Notfall

Informationszentrale gegen Vergiftungen in Bonn:
Telefon 0228 / 287 32 11

Rettungsdienst und Notarzt:

Belgien	100
Deutschland	112
Schweiz	144
Österreich	144
Niederlande	112

Bezugsquellen & Infos

Brugmansia-Arten und ***Datura metel*** (in seltenen Fällen auch ***D. stramonium***) gibt es von Mai bis August/September in jedem gut sortierten Gartenmarkt.

Brugmansia-Raritäten und Infos zur Arbeitsgemeinschaft des Brugmansienfreundes- und Züchterkreises bietet Monika Gottschalk, Diebsteinweg 18, D 36358 Herbstein-Lanzenhain

Grower-Zubehör gibt es reichlich im TREIBHAUS KASSEL, Frankfurter Straße 153, D 34121 Kassel, Telefon 0561/2 43 05, Fax 0561/28 59 12
E-Mail: freaks@treibhaus.de, Internet: www.treibhaus.de

Bibliographie

ABEL, Friedrich

1983 ***Nur der Adler sprach zu mir***, Bern usw.: Scherz.

ABERLE, David F.

1982 ***The Peyote Religion among the Navaho*** (Second Edition), Chicago und London: The University of Chicago Press.

AFSHARYPUOR, Suleiman; MOSTAJERAN, Akbar; MOKHTARY, RASOOL

1995 Variation of Scopolamine and Atropine in Deifferent Parts of Datura metel During Development, ***Planta Medica*** 61: 383–386

AHREMARK et al. 1982–1929 AHREMARK, U.; BJORKQVIST, I.; OLSSON, C.G.

1982 ***Datura suaveolens poisoning***, Lakartidningen 79(19): 1929–1930

ANANGARANGA

1985 ***Ananga-Ranga: Orientalische Liebeslehre***, München: Goldmann

ANONYMOUS

1984 ***Datura poisoning, Am Family Physician*** 30(4): 333

1964 An epidemic of Jimson-weed poisoning, ***Med Sci*** 15(8): 12

1984 Datura poisoning from hamburger – Canada, ***Morbid Mortal Weekly Report*** 33(20): 282–283

1984 Datura poisoning from hamburger: Canada, ***J Am Med Assoc*** 251(23): 3075

APPLEGATE, Richard B.

1975 The Datura Cult Among the Chumash, ***The Journal of California Anthro pology*** 2(1): 7–17

ARMSTRONG, W.P.

1986 The deadly Datura, ***Pac Discov*** 39(4, Oct/Dec): 34–41

AVERY, A.G., S. SATINA; J. RIETSEMA

1959 ***Blakeslee - The Genus Datura***, Ronald Press, New York: 36–47

AVILA, B. Alejandro de

1992 Plants in Contemporary Mixtec Ritual: Juncus, Nicotiana, Datura, and Solandra, ***Journal of Ethnobiology*** 12(2): 237–238

BAATSOSLANII JOE, Eugene; BAHTI, Mark

1978 ***Navajo Sandpainting Art***, Tucson: Treasure Chest Publications.

BAKER, John R.

1994 The Old Woman and Her Gifts: Pharmacological Bases of the Chumash Use of Datura, ***Curare*** 17(2): 253–276

BARAJAS, M.; GUHAROY, S.

1990 Atropine intoxication secondary to the ingestion of jimson weed (Datura stramonium), ***ASHP Annual Meeting*** 47(June): P-44D

BARCLAY, A.S.

1959 New Considerations in an Old Genus: Datura, ***Bot Museum Leaflets*** Harvard Univ 18(6): 245–272

BARROWS, D. P.
1967 The Ethno-Botany of the Coahuilla Indians of Southern California, Banning, CA: ***Malki Museum Press*** (Reprint von 1900)

BASELGA, J.M.; PIGRAU, C.; MARTINEZVAZQUEZ, J. M.
1985 Datura stramonium: An old hallucinogen making a comeback?, ***Med Clin*** Barcelona 84(17): 715

BASEY, Keith; WOOLLEY, Jack G.
1973 Biosynthesis of the Tygloyl Esters in Datura: The Role of 2-Methylbutyric Acid, ***Phytochemistry*** 12: 2197–2201

BASTIEN, Joseph W.
1987 ***Healers of the Andes: Kallawaya Herbalists and Their Medicinal Plants,*** Salt Lake City: University of Utah Press

BAUER, Eduard
1919 ***Studien über die Bedeutung der Alkaloide in pharmakognostisch wichtigen Solanaceen, besonders in Atropa Belladonna und Datura Stramonium***, Bern: Hallwag

BAUR, Eduard
1919 ***Studien über die Bedeutung der Alkaloide in pharmakognostisch wichtigen Solanaceen, besonders in Atropa Belladonna und Datura Stramonium. Inaugural-Dissertation der philosophischen Fakultät der Universität Bern***, Bern: Hallwag

BAUEREIß, Erwin
1993 ***Heimische Pflanzen der Götter***, Raymond Martin Verlag
1993 ***Stechapfel - Halluzinogenes Nachtschattengewächs*** – 3. Aufl., Wurzel-Verlag (s. Abb. rechts)

BEHRENS, H.; HORN, M.
1962 Tolerance of pigs to Datura Stramonium seeds, ***Prakt Tierarzt*** 2 (Feb): 43–44

BELTON, P.A.; GIBBONS, D.O.
1979 Datura intoxication in West Cornwall, ***Br Med J*** 1(6163): 585–586

BERGE, Fr.; RIECKE, W.A.
1845 ***Giftpflanzen-Buch***, Stuttgart: Hoffmann'sche Verlags-Buchhandlung

BERGER, Markus
2003 ***Psychoaktive Kakteen - Mehr über 293 Kakteen-Arten aus 72 Gattungen***, Löhrbach: Werner Pieper's MedienXperimente/The Grüne Kraft (Edition Rauschkunde)

BIBRA, Baron Ernst von
1855 ***Die narkotischen Genussmittel und der Mensch***, Nürnberg: Verlag von Wilhelm Schmid (1983 Reprint Leipzig: Zentralantiquariat der DDR/Wiesbaden: Fourier Verlag; 1995 Reprint Leipzig: Reprint Verlag)

BLAKESLEE, A.F.; BELLING, J.; FARNHAM, M.E.
1920 Chromosomal doublication and Mendelian phenotype in Datura mutants, ***Science*** 52: 388–390

BLAKESLEE, A.F.
1922 Variation in Datura due to changes in chromosome number, ***Amer. Naturalist*** 56: 16–31

BLANKENBURG, Wera von
1975 ***Heilige und dämonische Tiere. Die Symbolsprache der deutschen Ornamentik im frühen Mittelalter*** (2. Aufl.), Köln: Wienand.

BOITEL-CONTI, M.; GONTIER, E.; LABERCHE, J.C.; DUCROCQ, C.; SANGWAN-NORREEL, B.S.
1995 Permeabilisation of Datura innoxia Hairy Roots for Release of Stored Tropane Alkaloids, ***Planta Medica*** 61: 287–290

BONIN, Werner
1986 ***Naturvölker und ihre übersinnlichen Fähigkeiten***, München: Goldmann

BRISTOL, M.L.
1966 Notes on the species of Tree Daturas, ***Bot. Mus. Leafl.*** Harvard Univ. 21: 229–248
1969 Tree Datura Drugs of the Colombian Sibundoy, ***Bot Museum Leaflets*** Harvard Univ 22(5): 165–227

BRISTOL, M.L.; EVANS, W.C.; LAMPARD, J.F.
1969 The Alkaloids of the Genus Datura, Section Brugmansia. VI. Tree Datura Drugs (Datura candida cvs.) of the Colombian Sibundoy, ***Lloydia*** 32(2): 123–130

BRUGGE, David M.
1982 »Western Navajo Ethnobotanical Notes«, in: D.M. BRUGGE und Ch.J. FRISBIE (Hg.), ***Navajo Religion and Culture***, Santa Fe: Museum of New Mexico Press, S. 89–97.

BRUNEL, J.
1947 Un cas d'empoisonement grave par des graines de »Datura stramonium«, ***Contrib Instit Bot*** Univ Montreal 62: 31–37

BURBIDGE, N.T.
1963 ***Datura, Dictionary of Australian Plant Genera*** 29: 91,104

BYE, Robert A.
1986 Datura lanosa, a New species of Datura from Mexico, ***Phytologia*** 61: 204–206

BYE, Robert A.; MATA, Rachel; PIMENTEL, José
1991 Botany, Ethnobotany and Chemistry of Datura lanosa (Solanaceae) in Mexiko, Anales del Instituto Biológico de la Universidad Autónoma Nacional de Mexico, ***Ser. Bot.*** 61: 21–42

CALIFANO, Mario; FERNÁNDEZ Dsitel, A.
1982 The Use of a Hallucinogenous Plant Among the Mashco (Southwestern Amazonia, Peru), ***Zeitschrift für Ethnologie*** 107: 129–143

CAMILLA, Gilberto
1995 Le erbe de diavolo 1: ***Aspetti antropologici, Altrove*** 2: 105–115

CARRIZO García, C.
1998 Sobre el androceo y el gineceo en la tribu Datureae (Solanaceae) y su implicancia taxonómica, ***Kurtziana*** 26: 33–53

CHANDHOKE, N.; GUPTA, S.
1978 Estrogenic activity of DQ 1, a steroidal lactone, isolated from Datura quercifolia, ***Indian J Exp Biol*** 16(6): 648–652

CHARPIN, D.; OREHEK, J.; VELARDOCCHIO, J.M.
1979 Bronchodilator effects of antiasthmatic cigarette smoke (Datura stramonium), ***Thorax*** 34(2): 259–261

CHILD, Alan; SHAW, Julian M.H.
1999 Keys to Datura and Brugmansia (Solanaceae), ***BSBI News***, 82, 54–57

CHIU, T.H.; TOTSUKA, K.; KOBAYASHI, S.; SAITO, H.; OKAMOTO, T.
1987 A comparison of pharmacological properties of the extracts of Datura and its known main components, ***T'aiwan Yao Hsueh Tsa Chih*** 39(3): 173–181

CHRISTEN, P.; ROBERTS, M.F.; PHILLIPSON, J. D.; EVANS, W.C.
1989 High-yield production of tropane alkaloids by hairy -root cultures of a Datura candida hybrid, ***Plant Cell Reports*** 8(2): 75–77
1990 Alkaloids of hairy root cultures of a Datura candida hybrid, ***Plant Cell Reports*** 9(2): 101–104

CIPOLETTI, M.S.
1986 Das Gesicht der Gottheiten: Der Gebrauch von Halluzinogenen bei den Secoya-Indianern Ekuadors, ***Curare Sonderband*** 5: Traditionelle Heilkundige – Ärztliche Persönlichkeiten im Vergleich der Kulturen und medizinische Systeme: 93–110

CLARK, W.L.; JERNIGAN, R.H.; ERWIN, J.W.; DAVIDSON, M.; TUCKER, C.B.
1964 Jimson weed poisoning – Tennessee, ***Morbid Mortal Weekly Report*** 13: 126–127

CONKLIN, Marie E.
1976 Genetic and biochemical aspects of the development of Datura, ***Monographs in developmental biology*** 12, Basel: Karger

COSSON, L.; CHOUARD, P.; PARIS, R.
1966 Influence de l'eclairement sur les variations ontogeniques des alcaloides de Datura tatula, ***Lloydia*** 29(1): 19–25

CRAWFORD, L.; FRIEDMAN, M.
1990 The effects of low levels of dietary toxic weed seeds (jimson weed, Datura stramonium and sicklepod, Cassia obtusifolia) on the relative size of rat liver and levels and function of cytochrome P-450, ***Toxicol Lett*** 54(2–3, Dec): 175–181

CROMWELL, B.T.
1943 Studies on the synthesis of hyoscyamine in Atropa belladonna L. and Datura stramonium L., ***Biochem J*** 37:717–722
1943 The role of putrescine in the synthesis of hyoscyamine, ***Biochem J*** 37:722–726

CUCU, V.; PAUN, E.
1968 On the changes of alkaloid content in herbs of Datura innoxia Mill., ***Planta Medica*** 16(3):338–342

DANERT, S.
1954 Die medizinisch genutzten Datura-Arten und deren Benennung, ***Die Pharmazie*** 9: 349–362

D'ARCY, William G.
1986 ***Solanaceae - Biology and Systematics***, New York: Columbia University Press

DAVIES, G., FATAFTAH, A., RADWAN, A., RAFFAUF, R. F., GHABBOUR, E. A., JANSEN, S. A.
1997 Isolation of humic acid from the terrestial plant Brugmansia sanguinea, ***Sci. Total Environ***. 201: 79–87

DAVIS, Mary L. und Greta PACK
1973 ***Mexican Jewelry***, Austin: University of Texas Press.

DEAN, Wolf
2002 ***Datura - Stechapfel***, Freya-Verlag

De CUVELAND, Helga
1989 ***Der Gottorfer Codex***, Worms: Wernersche Verlagsgesellschaft

DEIMEL, Claus; RUHNAU, Elke
2000 Jaguar and Serpent – The Cosmos of Indians in Mexico, ***Central and South America - Ausstellungskatalog***, Niedersächsisches Landesmuseum Hannover und Ethnologisches Museum; Dietrich Reimer Verlag

DE LA CRUZ, Martín
1552 ***Libellus de Medicinalibus Indorum Herbis***, Fondo de Cultura Económica Instituto Mexicano del Seguro Social (Reprint)

DE LA SERNA, Jacinto
o.J. ***Documentos Ineditos para la Historia de Espawe***, 104: 159–160

DEMAGGIO, A. E.
1961 Influence of various concentrations of nutrients on growth and alkaloid synthesis in Datura stramonium, ***J Pharmaceut Sci*** 50(8):676–678

DEMEYER, K.; DEJAEGERE, R.
1991 Influence of the N-Form Used in the Mineral Nutrition of Datura stramonium on Alkaloid Production, ***Planta Medica***, Suppl. 2: A 27

DE ORTA, Garcia
1987 ***Colloquies on the Simple and Drugs of India***, Orient Book Distributors

DESAI, N. N.; ALLEN, A. K.; NEUBERGER, A.
1981), Some properties of the lectin from Datura stramonium (thorn-apple) and the nature of its glycoprotein linkages, ***Biochem J*** 197(2):345–353

DEW, J. M.
1977 Toxic delirium induced by deliberate ingestion of Jimson weed, ***J Kentucky Med Assoc*** 75(9):434–436
1978 Toxic delirium induced by deliberate ingestion of jimson weed, ***Clin Med*** 85:21

DeWolf, G. P. Jr.
1956 Notes on cultivated Solanaceae 2. Datura, ***Baileya*** 4: 13–23
Dhar, K.L.; Raina, M.L.
1973 A novel withanolide from Datura quercifolia, ***Phytochemistry*** 12: 476–478
Dieckhöfer, K.; Vogel, Th.; Meyer-Lindenberg, J.
1971 Datura stramonium als Rauschmittel, ***Der Nervenarzt*** 42(8): 431–437
Dobkin De Rios, Marlene
1992 ***Amazon Healer***, Bridport, Dorset: Prism Press
Dolya, V.S.; Shkurupii, E. M.; Drozd, G.A.
1973 ***Fatty oil of henbane and of Indian datura***, Farm Zh 28(6):78–79
Dorcsi, M.
1992 ***Homöopathie heute. Ein praktisches Handbuch***, Hamburg: Rowohlt
Dorer, M.; et al
1970 Free amino acids and alkaloids of Jimson weed (Datura stramonium), ***Farm Vestnik Ljubljana*** 21(1–4):1–27
Dugan, G.M.; Gumbmann, M. R.; Friedman, M.
1989 Toxicological evaluation of jimson weed (Datura stramonium) seed, ***Food Chem Toxicol*** 27(8):501–510
Dupraz, Jean-Marc; Christen, Philippe ; Kapetanidis, Ilias
1993 Tropane Alkaloid Production in Datura quercifolia Hairy Roots, ***Planta Medica, Suppl.*** 59: A 659
1994 Tropane Alkaloids in Transformed Roots of Datura quercifolia, ***Planta Medica, Suppl.*** 60: 158–162
Eby, F.H.; Scholl, F.M.; Phillips, D.J.
1938 A study of Datura stramonium, ***J Am Pharm Assoc*** 27(6):474–476
El-Dabbas, S.W.; Evans, W.C.
1982 Alkaloids of the genus Datura, Section Brugmansia. X. Alkaloid content of Datura hybrids, ***Planta Medica*** 44: 184–185
El Dirdiri, N.I.; Wasfi, I.A.; Adam, S.E.I.; Edds, G.T.
1981 Toxicity of Datura stramonium to sheep and goats, ***Vet Human Toxicol*** 23(4):241–246
Eldor, A.
1971 ***A case of Datura stramonium poisoning***, Harefuah 80(7):386–388
El Imam, Y.M.A; Evans, W.C.
1990 Alkaloids of Datura candida Cultivar, D. aurea and and various Hybrids, ***Filoterapia*** 61(2):148–152
Evans, W.C.; Wellendorf, W.
1959 The alkaloids of roots of Datura, ***J Chem Soc*** 1959: 1406–1409
Evans, W.C.; PeThan, M.
1962 The alkaloids of the genus Datura, section Brugmansia. Part I. Datura cornigera Hook., ***J Pharmacy Pharmacol*** 14: 147–156

EVANS, W.C.; GRIFFIN, W.J.
1964 Translocation of alkaloids in Datura species, ***J Pharmacy Pharmacol*** 16:337–341

EVANS, W.C.; WOOLLEY, J.G.
1965 The alkaloids of Datura meteloides D.C. J, ***Chem Soc Perkin*** I :4936–4939

EVANS, W.C.; MAJOR, V.A.; PETHAN, M.
1965 The alkaloids of the genus Datura, section brugmansia. III. Datura sanguinea R. and P., ***Planta Medica*** 13: 353–358

EVANS, W.C.; MAJOR, V.A.
1966 The alkaloids of the genus Datura, section Brugmansia. IV. New alkaloids of D. sanguinea R. and P., ***J Chem Soc Perkin*** I 18: 1621–1623

EVANS, W.C.; WOOLLEY, VALERIE A.
1969 Biosythesis of the (+)-2-Hydroxy-3-Phenylpropionic Acid Moiety of Littorine in Datura sanguinea and Anthocercis littorea, ***Phytochemistry*** 8: 2183–2187

EVANS, W. C.; et al
1972 Alkaloids of Datura suaveolens, ***Phytochemistry*** 11: 3293–3298

EVANS, W.C.; TREAGUST, Peter G.
1973 Alkaloids of Datura pruinosa, ***Phytochemistry*** 12: 2077–2078

Evans, W.C.
1974 Alkaloids of Datura discolor, ***Phytochemistry*** 13(1):304–305
1979 Tropane alkaloids of the Solanaceae, in: Hawkes et al., ***The biology and Taxonomy of the Solanaceae***: 241–254, London

EVANS, W.C.; GROUT, R. J.; MENSAH, M. L. K.
1984 Withanolides of Datura species and hybrids, ***Phytochemistry*** 23(8): 1717–1720

EVANS, W.C.
1990 Datura, a commercial source of hyoscine, ***Pharm J*** 244(Jun 2): 651–653

EWAN, Joseph
1944 ***Taxonomic History of the Perennial Southestern Datura meteloides***, Rhodora 46(549): 317–323

FALBE, Jürgen; REGNITZ, Manfred (Hg.)
1999 ***RÖMPP Lexikon Chemie***, Stuttgart: Georg Thieme Verlag

FAMA, P. G.
1977 Datura poisoning, ***NZ Med J*** 85(Feb 9): 108
1979 Datura poisoning, ***NZ Med J*** 90(647): 399

FANGUAF, R.; VOGT, H.
1961 Toxicity trails in laying hens and chicks with Datura stramonium seeds, a common contaminant of soya bean consigments, ***Arch Geflügelkunde*** 25: 167–171

FELGER, R. S., MOSER, M. B.
1974 Seri Indian Pharmacopoeia, ***Economic Botany*** 28: 414–436
1991 ***People of the Desert and Sea: Ethnobotany of the seri Indians***, Tucson: University of Arizona Press

FENSBO, C.; HARBECK, C.
1979 ***Datura stramonium used as herb tea***, Ugeskr Laeger 141(17): 1150–1151
FOSBERG, F. R.
1959 ***Nomenclatural notes on Datura L.***, Taxon 8: 52–57
FRANK, Larry und Millard J. HOLBROOK II
1990 ***Indian Silver Jewelry of the Southwest***, 1868–1930, West Chester, Pennsylvania: Schiffer Publishing.
FRIEDMAN, M.; LEVIN, C. E.
1989 Composition of jimson weed (Datura stramonium) seeds, ***J Agr Food Chem*** 37(4): 998–1005
FRIEDMAN, M.; DUGAN, G.; GUMBMANN, M. R.
1990 Composition and toxicology of Jimson weed seeds (Datura stramonium), ***Vet Human Toxicol*** 32(Suppl): 111
FRIEDMAN, M.; HENIKA, P. R.
1991 Mutagenicity of toxic weed seeds in the Ames test: jimson weed (Datura stramonium), velvetleaf (Abutilon theophrasti), morning glory (Ipomoea spp.), and sicklepod, (Cassia obtusifolia). ***J Agr Food Chem*** 39(3): 494–501
FUCHS, Leonhart
1543 ***New Kreutterbuch***, Basel: Reprint von 1975 Verlag Konrad Kölbl, München
FÜHNER, H.
1925 ***Solanazeen als Berauschungsmittel***, Archiv f. experimentelle Pathologie und Pharmakologie III: 281 (auch erschienen in: GARTZ, J. (Hg.), ***Halluzinogene in historischen Schriften***, Solothurn 1999: 173–186)
FURST, Peter T.; FURST, Jill L.
1982 ***North American Indian Art***, New York: Artpress Books
FURST, Peter T.; MYERHOFF, B.G.
1966 Myth as History: The Jimson Weed Cycle of the Huichols of Mexico, ***Antropologica*** 17: 3–39
GAPANY, M.; ALMOG, S.; TIROSH, M.
1983 ***Datura stramonium abuse***, Harefuah 104(1): 25–26
GARCIA, F.; GUEVARA, R.
1922 Pharmacodynamics of Datura alba, ***Philippine J Sci*** 20(6): 599–609
GARDNER, C. A.
1935 The common thornapple (Datura stramonium, Linn.) and related species occurring in Western Australia, J Agr Western Australia 12(2): 216–221
GARDNER, C. A.; BENNETTS, H. W.
1953 Poison plans of Western Australia. The thorn apples (Datura species), ***J Agr Western Australia*** 2 3rd Series (Mar–Apr): 7ff
GARVIN, J. A.; RUH, H. O.
1923), Acute poisoning due to eating the seeds of the Jimson Weed (Datura stramonium), ***Arch Pediat*** 40: 827–831

GAYTON, Anna Hadwick
1928 ***The Narcotic Plant Datura in Arboriginan American Culture, Ph. D. Thesis***, University of California
GDYRA, D.; ZWEGLINSKAPIORO, A.
1970 Datura stramonium poisoning, ***Pol Tyg Lek*** 25(20):733–735
GERLACH, G. H.
1948 Datura innoxia – A Potential Commercial Source of Scopalamine, ***Econ Bot*** 2: 436–454
GIBSON, M. R.; DANQUIST, G. A.
1965 Incorporation of hydroxyproline-14C into the principle alkaloids of Datura innoxia Miller, ***J Pharmaceut Sci*** 54(1):1526–1528
GILG, E; SCHÜRHOFF, P.N.
1926 ***Aus dem Reiche der Drogen***, Dresden: Schwarzeck-Verlag
GIMLETTE, J. D.
1981 ***Malay Poisons and Charm Cures***, Kuala Lumpur: Oxford in Asia Paperbacks
GIRAUD, H.
1851 On poisoning with Indian species of Datura, ***Ann Mag Natural History*** II 8: 233–234
GIULIETTI, A.M.; PARR, A.J.; RHODES, M.J.C.
1993 Tropane Alkaloid Production in Transformed Root Cultures of Brugmansia candida, ***Planta Medica*** 59: 428–431
GIZELLA, V. P.; KIET, D. H.
1977 Alkaloid content and composition in Datura innoxia Mill. during sprouting, ***Acta Pharmaceut Hung*** 47(1): 37–44
GOATES, M. G.; ESCOBAR, J. I.
1992 »Gedankenlautwerden« and Datura intoxication [letter], ***J Clin Psychiatry*** 53(4):137
GONTIER, E.; FLINIAUX, M.A.; BARBOTIN, J.N.; SANGWAN-NORREEL, B.S.
1993 Tropane Alkaloids in the Leaves of Micropropagated Datura innoxia Plants, ***Planta Medica*** 59: 432–435
GOTTSCHALK, Monika
2001 ***Engelstrompeten – Die schönsten Sorten***, BLV-Verlag
GOTTWALD, Franz-Theo; RÄTSCH, Christian
2000 ***Rituale des Heilens***, Aarau: AT Verlag
GOWDY, J.M.
1972 Stramonium Intoxication: Review of Symptomatology in 212 Cases, ***Journal of the American Medical Association*** 221: 585–587
GRANDJEAN, E. M.; DEMORELOOSE, P.; ZWAHLEN, A.
1980 Acute atropinic syndrome caused by abuse of anti-asthmatic cigarettes (Datura stramonium), ***Schweiz Med Wschr*** 110(33): 1186–1190
GRANT, V.; GRANT, K.A.
1983 Behaviour of Hawkmoths on Flowers of Datura meteloides, ***Botanical Gazette*** 144: 280–284

GRIFFIN, W. J.
1966 Alkaloids in Datura, Section Brugmansia: The Peach Flowered Form of Datura candida sens. lat., ***Planta medica*** 14: 468–474
1976 Agronomic evaluation of Datura candida – A new source of Hyoscine, ***Econ Bot*** 30: 361–369
GUHA, S., S. C. MAHESHWARI
1966 Cell division and differentiation of embryos in the pollen grains of Datura in vitro, ***Nature*** (Lond.) 212: 97–98
GUHAROY, S. R.; BARAJAS, M.
1991 Atropine intoxication from the ingestion and smoking of Jimson Weed (Datura stramonium), ***Vet Human Toxicol*** 33(6): 588–589
GUIAYDZINSKA, S.; ZAKRYZEWSKI, Z.
1975 Correlation between total alkaloid content in Datura leaves and roots as well as in extracts obtained from them, ***Herb Pol*** 21(1): 24–30
GUPTA, M. P.; GIBSON, M. R.
1972 Protein-alkaloid relationship in Datura stramonium var. tatula, ***J Pharmaceut Sci*** 61(8): 1257–1262
HAAG, Stefan
2001 Die Engelstrompete – Brugmansia, ***HANF!*** 8/01: 42
HAEGI, L.
1976 Taxonomic account of Datura L. (Solanaceae) in Australia with a note on Brugmansia Pers, ***Austral J Bot*** 24: 415–435
HAILE, Father Berard
1940 »A Note on the Navaho Visionary«, ***American Anthropologist*** N.S. 42: 359.
1978 ***Love-Magic and Butterfly People: The Slim Curly Version of ther Ajelee and Mothway Myths***, Flagstaff, Arizona: Museum of Northern Arizona Press.
HALL, Richard C.W.; PFEFFERBAUM, Betty; GARDNER R.; STICKNEY, Sondra K.; PERL, Mark
1978 Intoxication with Angel's Trumpet: Anticholinergic Delirium and Hallucinosis, ***Journ. of Psychedelic Drugs*** 10(3): 251–253
HAMON, N. W.; EYOLFSON, J. L.
1972 Biosynthesis of tropic acid in Datura innoxia root tissue, ***J Pharmaceut Sci*** 61(12): 2006–2008
HAMON, N. W.; YOUNGKEN, H. W. Jr
1970 The metabolism of tritiated atropine (DL hyoscyamine-3H) in Datura innoxia Mill, ***Ges fur Arzneipflanzenforschung & Am Soc Pharmacognosy*** (July 26–31): 5
HANNA, J. P.; SCHMIDLEY, J. W.; BRASELTON, W. E. Jr
1992 Datura delirium, ***Clin Neuropharmacol*** 15(2): 109–113
HARTWICH, Carl
1911 ***Die menschlichen Genussmittel - Ihre Herkunft, Verbreitung, Geschichte, Anwendung, Bestandteile und Wirkung***, Leipzig: Chr. Herm. Tauchnitz

Hasan, S. S.; Kushwaha, A. K.
1986 Effect of Datura (seed) on rat brain and urinary metabolites, ***J Pharmacol Pharm*** 38 (Jul–Aug): 329–334
1987 Chronic effect of Datura (seed) extract on the brain of albino rats, ***Jpn J Pharmacol*** 44(1):1–6

Hasler, Felix
1996 Analytisch-chemische Untersuchung von Toloache-Pulver, Bern: ***Unveröffentlichter Laborbericht***1

Hawkes, J. G.; Lester, R.N; Skelding, A. D. (Hg.)
1979 ***The Biology and Taxonomy of the Solanaceae***, London: Academic Press

Hayman, J.
1985 Datura poisoning – the Angel's trumpet, ***Pathology*** 17(3):465–466

Hérouart, D; Sangwan, R.S.; Fliniaux, M.A.; Sangwan-Norreel, B.S.
1988 Variations in the Leaf Alkaloid Content of Androgenic Diploid Plants of Datura innoxia, ***Planta Medica*** 54: 14–17

Hesselbarth
1962 Results of feeding experiments in cattle and pigs with Datura stramonium feeds, ***Prakt Tierarzt*** 8:304–305
1962 Results of feeding experiments in cattle and pigs with Datura stramonium feeds, ***Prakt Tierarzt*** 7:266–267

Hill, W.W.
1938 Navajo Use of Jimson Weed, ***New Mexico Anthropologist*** 3(2): 19–21

Hilton, M.G.; Rhodes, M.J.C.
1993 Factors Affecting the Growth and Hyoscyamine Production during Batch Culture of Transformed Roots of Datura stramonium, ***Planta Medica*** 59: 340–344

Hiraoka, N.; Tabata, M.; Konoshima, M
1973 Formation of Acetyltropine in Datura Callus Cultures, ***Phytochemistry*** 12: 795–799

Hudson, M. J.
1973 Acute atropine poisoning from ingestion of Datura rosei, ***NZ Med J*** 77(491, Apr):245–248

Irvine, R. A.; Tang, K.
1957), Datura poisoning. A case report, ***West Indian Med J*** 6:126–128

Ionkova, Iliana; Witte, L.; Alfermann, A.W.
1989 Production of Alkaloids by Transformed Root Cultures of Datura innoxia, ***Planta Medica*** 55: 229–230

Ismael, A. E. A.
1915 Poisoning by datura and hyoscyamus, ***Practitioner*** 95: 121–128

IZR
2001 Wenn Engelstrompeten durchs Hirn rauschen, ***A. Vogel's Gesundheits-Nachrichten - Zeitschrift für Naturheilkunde*** 58: 10–17

JACINTO, J.M.S.; LAPA, J.A.; CADEN, S.
1988 Estudio farmacológico do extrato bruto do Datura arborea L., Acta Amazonica, ***Supplement*** 18(1–2): 135–143

JACOBS, David
1996 The Use of Datura in Rites of Transition, ***Jahrbuch für Transkulturelle Medizin und Psychotherapie*** 6(1995): 341–351

JANSSENS, G.; DEWILDE, R.
1989 Toxicity of thornapple (Datura stramonium and/or D. ferox) seed present in pig feed, ***Vlaams Diergeneeskundig Tijdschrift*** 58(3): 84–86

JANZING, Gereon
2000 ***Psychoaktive Drogen weltweit***, Löhrbach: Werner Pieper & The Grüne Kraft – Edition Rauschkunde

JAY, Roni
1997 ***Sacred Flowers - Creating a Heavenly Garden***, London: Thorsons

JOHNSTON, James F. W.
1854 ***Die Chemie des täglichen Lebens. Erster Band***, Berlin: Verlag von Franz Duncker (W. Besser's Verlagshandlung)

JOHNSTON, T. F.
1972 Datura fastuosa: Its Use in Tsonga Girls' Initiation, ***Economic Botany*** 26: 340–351

KAN, Michael; MEIGHAN, Clement; NICHOLSON, H.B.
1989 ***Sculpture of Ancient West Mexico,*** Los Angeles: County Museum of Art

KARASLAWOW, Georgi
1968 ***Stechapfel, Bulgarische Bibliothek*** 5, Wien: Amandus

KARAWYA, M. S.; BALBAA, S. I.
1967 Occurrence of 7-hydroxy-3,6-ditigloyloxytropane in the roots of some Datura species growing in Egypt, ***Bull Facul Pharm Cairo Univ*** 6(1):9–13

KARNICK, C. R.; SAXENA, M. D.
1970 On the variability of alkaloid production in Datura species, ***Planta Medica*** 18(3):266–269

KEHAR, N. D.; RAU, K. G.
1944 Poisoning of livestock by Datura stramonium, ***Indian J Vet Sci*** 14: 112–114

KENNEDY, Alison Bailey; RÄTSCH Christian
1985 Datura: Aphrodisiac?, ***High Frontiers*** 2: 20, 25

KHAN, N. A.
1987 Effect of datura and diazepam on rat brain enzymes, ***Indian J Anim Sci*** 57(10): 1074–1077

KIRCHNER-ABEL, Anne und Werner
2000 ***Brugmansien (Engelstrompeten) - Nachschlagewerk 2000***, Duisburg: Selbstverlag Werner Abel

KITE, G.C.
1994 Volatiles from flowers and leaves of Brugmansia x candida, in: LEON, C., ed. ***Bazard Assessment of Poisonous Plants in the UK Horticultural Trade***. London: NPU/RBG Kew/ RHS. 137–142

KLUCKHOHN, Clyde
1967 ***Navaho Witchcraft***, Boston: Beacon Press.

KREMLA, Eva
2001 Der Stechapfel: Zur Ethnobotanik einer Medizin-, Visions- und Sakralpflanze, ***Europäische Hochschulschriften: Reihe 19, Volkskunde, Ethnologie: Abt. B, Ethnologie***; Bd. 60, Frankfurt/M.: Lang

KRUG, Irmela
1986 ***Ökologische und ontogenetische Einflüsse auf die Alkaloidproduktion von Datura spp.***, Giessen: Univ. Diss.

KRUMBIEGEL-SCHROEREN, Gabriela
1980 ***Versuche zur sexuellen und somatischen Hybridisierung von Atropa belladonna L. und Datura innoxia Mill.***, Köln: Univ. Diss.

KUDAIBERDYEV, N. C.
1976 Medical aid in Datura stramonium poisoning, ***Feldsher Akush*** 41(8):31–32

KUEHNE HEYDER, Nicola
1995 Uso de alucinogenos de la huaxteka: La probable utilización de la Datura en una cultura prehispanica, ***Integration*** 5: 63–71

KÜTTNER, Micheal
1999 ***Der Geist aus der Flasche: Psychedelische Handlungselemente in den Märchen der Brüder Grimm***, Löhrbach: Werner Piper & The Grüne Kraft

LAGERHEIM, Gustav
1893 Eine neue, goldgelbe Brugmansia, ***Gartenflora*** 42: 33–35
1895 Monografie der ecuadorianischen Arten der Gattung Brugmansia Pers., ***Engler's Botanisches Jahrbuch*** 20: 655–668

LARCAN, A.
1984 Behavior of addicts using anti-asthma cigarettes with a Datura-base, ***Bull Acad Natl Med*** 168(3–4, Mar–Apr):455–461

LAWRENCE, Robert M.
1896 »The Folklore of the Horseshoe«, ***Journal of American Folk-Lore*** 9(35): 288–292.

LEARY, John D.
1970 Alkaloids of the Seeds of Datura sanguinea, ***Lloydia*** 33(2): 264–266

LEETE, Edward
1959 ***The alkaloids of Datura. Avery AG et al (ed) Blakeslee: The genus Datura***, Ronald Press, New York (Chap 3):48–56
1973 Biosynthetic Conversion of alpha-Methylbutyric Acid to Tiglic Acid in Datura meteloides, ***Phytochemistry*** 12: 2203–2205

LEUENBERGER, Hanscarl

1969 ***Zauberdrogen – Reisen ins Weltall der Seele***; Stuttgart: Henry Goverts

1970 ***Im Rausch der Drogen***, München: Humboldt

LEWIN, Louis

1926/
2000 ***Phantastica***, Berlin (1. Aufl.) / Köln (kompl. Neuauflage)

LINDEQUIST, Ulrike

1992 Datura, in: ***Hagers Handbuch der pharmazeutischen Praxis***, Bd. 4: 1138–1154, Berlin: Springer

LIPP, F. J.

1991 ***The Mixe of Oaxaca: Religion, Ritual, and Healing***, Austin: University of Texas Press

LITZINGER, W. J.

1981 Ceramic evidence for prehistoric Datura use in North America, ***J Ethnopharmacol*** 4(1): 57–74

1994 Yucateco and Lacandon Maya Knowledge of Datura (Solanaceae), ***J Ethnopharmacol*** 42: 133–134

LOCKWOOD, Tom E.

1973 Generic Recognition of Brugmansia, ***Bot. Mus. Leaflets*** 23:273–284

1979 The Ethnobotany of Brugmansia, ***J. of Ethnopharmacology*** 1:147–164

LOPEZ, I. A

1978 Intoxication by Datura stramonium, ***Obio State Med J*** 74(5):300–301

LUCKERT, Karl W.

1978 ***A Navajo Bringing-Home Ceremony: The Claus Chee Sonny Version of Deerway Ajilee***, Flagstaff, Arizona: Museum of Northern Arizona Press.

MADAN, C. L.; GUPTA, U. S.; PRABHAKAR, V. S.; KAPUR, B. M.

1966 The location of alkaloids in the capsules and seed-portions of some Datura species and varieties, ***Naturwissenschaften*** 53(4):109

MANNHEIM, M.J.

1925 Die Scopolaminwirkung in der Selbstbeobachtung, ***Z. Neurol.*** 93/555

MARCINIAK, J.; SIKORSKI, M.

1972 Intoxication with alcaloids of Datura stramonium and Datura inoxia after ingestion of honey, ***Pol Tyg Lek*** 27(26):1002–1003

MARZELL, Heinrich

1922 ***Die heimische Pflanzenwelt im Volksbrauch und Volksglauben***, Leipzig: Hirzel

MATUDA, Eizi

1952 El genero Datura en México, ***Boletin de la Sociedad Botanica de México*** 14: 1–13

MCKENNA, Terence

1992 ***Die Speisen der Götter***, Löhrbach: Werner Pieper & The Grüne Kraft

MEHRA, K. L.
1979 Ethnobotany of Old World Solanaceae, in: HAWKES, J. G. et al. (Hg.), ***The Biology and Taxonomy of the Solanaceae***, S. 161–170, London: Academic Press

MEIRING, P. de V.
1966 Poisoning by Datura stramonium, ***South African Med J*** 40(14):311–312

Meislin, H. W.
1977 Tachycardia from jimson weed or physostigmine, ***J Am Coll Emerg Physicians*** 6(10):472–473

MENDELSON, G.
1976 Poisoning due the Datura fastuosa, ***J Trop Med Hyg*** 79(7):163
1976 Reversal by physostigmine of delirium induced by ingestion of the flowers of the plant Datura stramonium, ***Anesthesia Analgesia*** 55(2):260

MENNINGER, E. A.
1966 Datura Species in Florida Gardens, ***Am. Hort. Mag***. 45: 375–387

METZNER, Ralph
1992 Divinatory Dreams Induced by Tree Datura, ***Jahrbuch f. Ethnomedizin und Bewußtseinsforschung*** 1: 193–198, Berlin: VWB

MICHALODIMITRAKIS, M.; KOUTSELINIS, A.
1984 Discussion of »Datura stramonium: A fatal poisoning«, ***J Forensic Sci*** 29:961–962

MILLER, F.A.; MEADER, J.W.
1913 The Assay of individual Plants of Datura strammonium L., Datura tatula L. and other species and varieties, ***The Journal of Industrial and Engineering Chemistry***, 5. Jhrg.: 1014–1016

MINO, Yoshiki
1994 Identical Amino Acid Sequence of Ferredoxin from Datura metel and D. innoxia, ***Phytochemistry*** 35(2): 385–387

MITCHELL, J. E.; MITCHELL, F. N.
1955 Jimson weed (Datura stramonium) poisoning in childhood, ***J Pediat*** 47:227–230

MÜLLER-EBELING, Claudia; RÄTSCH, Christian; SHAHI, Surendra Bahadur
2000 ***Schamanismus und Tantra in Nepal***, Aarau: AT Verlag

MUNIZAGA, Carlos A.
1960 Uso actual de miyaya (Datura stramonium) por los araucanos de Chile, ***Journal de la Société des Américanistes*** 52: 4–43

NADLER, Kurt H.
1991 Toloachi – Droge der Abhängigkeit, in: ***Drogen: Rauschgift und Medizin***, München: Quintessenz Verlag; 118–136

NEHAUL, B. B. G.
1955 Datura poisoning in British Guiana. Report of four cases, ***West Indian Med J*** 4(1):57–59

NOGUE, S.; SANZ, P.; MONTERO, M. SHARP
o.J. Intoxication from Datura stramonium, ***Revista Esp Drogodependencias*** 15(2):119–122
OCHSNER, Patrizia Felicitas
2003 ***Hexensalben und Nachtschattengewächse - Medizin und Zaubermittel*** – Reihe ‚Die Nachtschattengewächse – Eine faszinierende Pflanzenfamilie', Solothurn: Nachtschatten Verlag
OLIE, J. P.; GAY, C.; LEBEAU, P.; LOO, H.
1981 A peculiar psychodysleptic: Datura, ***Annals Med Psychol*** 139(2):215–219
OLIE, J. P.; GAY, C.; LEBEAU, P.; DENIKER, P.
1981 Self-poisoning with Datura from an antiasthmatic drug (letter), ***Nouv-presse Med*** 10(6):429
ORR, R.
1975 Reversal of Datura stramonium delirium with physostigmine: Report of three cases, ***Anesthesia Analgesia*** 54(1):158
OTERO AIRA, Luis
2001 ***Las Plantas Alucinógenas***, Barcelona: Paidotribo
OTT, Jonathan
1993 ***Pharmacotheon***, Jonathan Ott Books
1995 ***Ayahuasca Analoge*** – Pangaeische Entheogene, Löhrbach
1997 ***Pharmacophilia or The Natural Paradises***, Jonathan Ott Books
PADULA, L. Z.; BANDONI, A. L.; RONDINA, R. V.; COUSSIO, J. D.
1976 Quantitative determination of total alkaloids and scopolamine in Datura ferox growing in Argentina, ***Planta Medica*** 29(4):357–360
PARNEFJORD, Ralph
2000 ***Das Drogentaschenbuch***, Georg Thieme Verlag
PATURI, Felix R.
1999 ***Heilbuch der Schamanen***, München: Ludwig
PAULLINI, Kristian Franz
1734 ***Heylsame Dreck-Apothecke***, Frankfurt/M.; Friedrich Daniel Knoch
PENNINGTON, C. W.
1973 Plantas medicinales utilizadas por el pima montanes de Chihuahua, ***América Indígena*** 33(1): 213–232
PERSSON, V.; KNAPP, S.; BLACKMORE, S.
1999 Pollen morphology and the phylogenetic analysis of Datura and Brugmansia, In: M. NEE et al. (Eds.), ***Solanaceae*** IV: 171–187
PINILLA-ILORENTE, B.; PORTILLO, A.; MUINO-MIGUEZ, A.; GARCIA-CASTANO, J.
1992 Datura stramonium poisoning (letter), ***An Med Intern*** 9(4):208
PLOWMAN, Timothy
1981 Brugmansia (Baum-Datura) in Südamerika, in: VÖLGER, G. (Hrg.) ***Rausch und Realität***, Bd. 2: 436–443, Köln: Rautenstrauch-Joest-Museum

PORTSTEFFEN, A.; DRÄGER, B.; NAHRSTEDT, A.
1991 Isolation of Two Tropinone Reductases from Datura stramonium Root Cultures, ***Planta Medica***, Suppl. 2: A 107

POWERS, D.
1975 Jimson weed intoxication in adolescents, ***Virginia Med Monthly*** 102(12):1051–1053

POWERS, D. F.
1976 Jimsonweed intoxication, ***North Carolina Med J*** 37(9):499–500

PREIẞEL, Ulrike; Hans-Georg
1997 ***Engelstrompeten. Brugmansia und Datura***, Ulmer-Verlag

PULEWKA, P.
1949 Die Aufklärung einer ungewöhnlichen durch Datura stramonium in Brotmehl hervorgerufenen Massenvergiftung, ***Klin Wschr*** 27:672–674

QUEK, K. C.; CHEAH, J. S.
1974 Poisoning due to ingestion of the seeds of kechubong (Datura fastuosa) for its ganja-like effect in Singapore, ***J Trop Med Hyg*** 77(5):111–112

QUIRISHI, M.A.; KALLA, A.K.; DHAR, K.L.
1979 A novel withanolide from Datura quercifolia, ***Phytochemistry*** 18: 1756–1757

RÄTSCH, Christian; PROBST, H.J.
1985 a Xtohk'uh: Zur Ethnobotanik der Datura-Arten bei den Maya in Yucatan, ***Ethnologia Americana*** 21(2), Nr. 109: 1137–1140
1985 b ***Der Rausch der Götter - Zum kulturellen Gebrauch von Datura und Balche' in Mexiko***, Referat zum Symposium »über den derzeitigen Stand der Forschung auf dem Gebiet der psychoaktiven Substanzen«, Burg Hirschhorn

RÄTSCH, Christian
1986 a ***Ethnopharmakologie und Parapsychologie*** (Reihe Ethnomedizin und Bewußtseinsforschung: Aktuelles Forum), Berlin: Express Edition
1986 b ***Chactun. Die Götter der Maya***, München: Diederichs
1987 ***Indianische Heilkräuter***, München: Diederichs
1988 ***Lexikon der Zauberpflanzen***, VMA-Verlag
1990 ***Die »Orientalischen Fröhlichkeitspillen« und verwandte psychoaktive Aphrodisiaka***, VWB Berlin
1994 ***Indianische Heilkräuter - Tradition und Anwendung. Ein Pflanzenlexikon***, München: Diederichs
1995 ***Pflanzen der Liebe***, JointVenture: Werner Pieper's MedienXperimente Löhrbach & Nachtschatten Verlag Solothurn
1996 a ***Urbock - Bier jenseits von Hopfen und Malz***, AT-Verlag
1996 b ***Räucherstoffe - Der Atem des Drachen***, Aarau: AT Verlag
1998 ***Enzyklopädie der psychoaktiven Pflanzen***, Aarau: AT-Verlag
2002 ***Schamanenpflanze Tabak I + II*** - Reihe: Die Nachtschattengewächse – Eine faszinierende Pflanzenfamilie, Solothurn: Nachtschatten Verlag

RÄTSCH, Christian; MÜLLER-EBELING, Claudia
2003 ***Lexikon der Liebesmittel***: Pflanzliche, mineralische, tierische und synthetische Aphrodisiaka, Aarau: AT-Verlag

RÄTSCH, Christian; OTT, Jonathan
2003 ***Coca und Kokain***, Aarau: AT-Verlag

RANDOLPH, Pascal Beverly
1992 ***Magia Sexualis: Die sexualmagischen Lehren der Bruderschaft von Eulis***, Wien: Edition Ananael

READER, A. L. 3d
1977 Mydriasis from Datura wrightii, ***Am J Ophthalmol*** 84(2):263–264

REDOUTÉ, Pierre Joseph
1833 ***Die schönsten Blumen und Früchte***, Reprint im Weltbild-Verlag o.J.

REKO, Viktor, A.
1938 ***Magische Gifte***, Stuttgart

RICHMOND, F. R.
1981 Jimson weed, ***J Iowa Med Soc*** 71(3):112

RIPPE, O.; MADEJSKI, M.; AMANN, M.; OCHSNER, P.; RÄTSCH, C.
2001 ***Paracelsusmedizin***, Aarau: AT Verlag

RISSECH Payret, M.; GARCIA Tornel, S.
1979 Datura stramonium poisoning, ***Med Clin Barcelona*** 73(9):397

RIVERA, A.; Calderon, E.; Gonzales, M.A.; Valbuena, S.; Joseph-Nathan, P. (1989), Brugmansia sanguinea subsp. vulcanicola, a good source of Scopolamine, ***Filoterapia*** 60(6): 542–544

RODGERS, G. C.; VONKANEL, R. L.
1993 Conservative treatment of jimsonweed ingestion, ***Vet Human Toxicol*** 35(1):32–33

RODRIGUEZ CUARTERO, A.; LOPEZ LUQUE, A.; SANCHEZ ALHAMA, J.; ANDUJAR LOPEZ, A.; VICENTI RULL, J.
1979 Unusual poisoning caused by Datura stramonium, ***Med Clin Barcelona*** 72(9):394

RÖMPP, Hermann; SCHURZ, Joseph
1972 ***Chemische Zaubertränke.Anregung und Genuß - Rausch und Sucht***, Stuttgart: Franckh'sche Verlagsbuchhandlung

ROMEIKE, A.
1962 Über das Vorkommen von 6-Hydroxyhyoscyamin in Datura, ***Naturwissenschaften*** 49: 281

ROSEN, C. S.; LECHNER, M.
1962 Jimson-weed intoxication, ***New England J Med*** 267(Aug 30):448–450

ROUHIER, Alexandre
1986 ***Die Hellsehen hervorrufenden Pflanzen***; Reprint des Originals von 1927 (Reihe Ethnomedizin und Bewußtseinsforschung: Historische Materialien 2), Berlin: Express Edition

ROUQUET, J.P.; BEZAURY, J.P.; MORON, P.
1982 2 episodes arising from abuse of Datura, ***Annals Med Psychol*** 140(5):547–550
ROYAL BOTANIC GARDENS KEW
1980 ***A Vision of Eden. The Life and Work of Marianne North***, Exeter: Webb & Bower
RUMACK, B.H.
1983 Jimsonweed abuse, ***Pediat Review*** 5(5):141–145
RWIZA, H.T.
1991 Jimson weed food poisoning. An epidemic at Usangi rural government hospital, ***Trop Geogr Med*** 43(1–2):85–90
SABER, A.H.; BALBAA, S.I.; EL HOSSARY, G.A.; KARAWYA, M.S.
1970 The Alkaloid Content of Datura discolor Grown in Egypt, ***Lloydia*** 33(3): 401–402
SAFFORD, William E.
1921 Synopsis of the Genus Datura, ***Journal of the Washington Academy of Sciences*** 11(8): 173–189
1922 Daturas of the Old World and New: An Account of Their Narcotic Properties and Their Use in Oracular an Initiatory Ceremonies, ***Annual Report of the Smithsonian Institution*** 1920: 537–567
SAHAGUN, Fray Bernardino de
1989 ***Aus der Welt der Azteken***, Franfurt/M.: Insel Verlag
SAMORINI, Giorgio
2002 ***Liebestolle Katzen und berauschte Kühe***, Aarau: AT-Verlag
SANDER, J. F.; BERGE, R.D.
1955 Jimson weed poisoning, A report of two cases, ***J Michigan State Med Soc*** 54:691–692
SATINA, Sophie; AVERY, A.G.
1959 A review of the taxonomic history of Datura, in: AVERY, A.G. et al (ed) ***Blakeslee: The Genus Datura***, Ronald Press, New York (Kap. 2):16–47
SAVITT, D.L.; ROBERTS, J.R.; SIEGEL, E.G.
1986 Anisocoria from jimsonweed, ***J Am Med Assoc*** 255(11):1439–1440
SCHENK, Gustav
1939 ***Schatten der Nacht***, Stuttgart
SCHENK, Gustav
1954 ***Das Buch der Gifte***, Berlin: Safari
SCHIEDER, O.
1978 Somatic hybrids of Datura innoxia Mill. + Datura discolor Bernh. and Datura innoxia Mill. + Datura stramonium L. var tatula L., ***Molec. gen. Genet.*** 162, 113–119
SCHIFFER, Nancy N.
1990 ***Jewelry by Southwest American Indians: Evolving Designs***, West Chester, Pennsylvania: Schiffer Publishing.

SCHMITZ, B. M.; AMIRI, I.; REINBOLT, J.; BOULANGER, Y.; UNGERER, A.
1988 Isolation and structure of a pseudopeptide .gamma.-L-glutamyl-L-aspartic acid from Datura stramonium that impairs learning retention in mice, ***Biochimie*** 70(9):1179–1184

SCHREIBER, W.
1979 Jimson seed intoxication: Recognition and therapy, ***Military Med*** 144(5): 329–332

SCHULDES, Bert Marco
2001 ***Psychoaktive Pflanzen***, Löhrbach: Werner Pieper & The Grüne Kraft

SCHULTES, Richard E.; HOFMANN, Albert
1998 ***Pflanzen der Götter***, Aarau: AT-Verlag

SCHULTES, Richard E.; NEMRY VON THENEN DE JARAMILLO-ARANGO, María José
1998 ***The Journals of Hipólito Riuz: Spanish Botanist in Peru and Chile*** 1777–1788, Portland Oregon, Timber Press

SCHULTES, Richard E.; RAFFAUF, Robert F.
1990 ***The Healing Forest: Medicinal and Toxic Plants of the Nothwest Amazonia***, Portland, Oregon: Dioscorides Press

SELIGMANN, Siegfried
1996 ***Die magischen Heil- und Schutzmittel aus der belebten Natur: Das Pflanzenreich***, a.d. Nachlass bearb. u. hrsg. v. Jürgen ZWERNEMANN, Berin: Reimer

SHAH, C. S.; KHANNA, P. N.
1965 Alkaloid estimation of roots of Datura metel and Datura metel var. fastuosa, ***Lloydia*** 28(1): 71–72
1965 A note on the alkaloidal content of Datura innoxia Miller, ***J Pharmacy Pharmacol*** 17: 115–117

SHAH, C. S.; SAOJI, A.N.
1966 Alkaloidal estimation of Aerial Parts of Datura arborea L., ***Planta medica*** 14: 465–467

SHAW, J.M.H.
1998 ***Brugmansia, The New Plantsman*** 5(1): 48–60 & 5(3): 192

SHERVETTE, R. E.; SCHYDLOWER, M.; LAMPE, R. M.; FEARNOW, R. G.
1979 Jimson »loco« weed abuse in adolescents, ***Pediatrics*** 63(4): 520–523

SIDDIQUI, S.; SULTANA, N.; AHMAD, S. S.; HAIDER, S. I.
1987 A novel withanolide from Datura metel, ***Phytochemistry*** 26(9): 2641–2643
1986 Isolation and structure of a new alkaloid datumetine from the leaves of Datura metel, ***J Natural Products*** 49(3): 511–513
1988 The Alkaloids of Datura, ***Pakistan Journal of Scientific and Industrial Research***, 31. Jhrg.: 237–241

SIKLOS, Bulcu
1993 Datura Rituals in the Vajramahabhairava-Tantra, ***Curare*** 16: 71–76, 190 (Addendum)
1995 Flora and Fauna in the Vajramahabhairava-Tantra, ***Jahrbuch für Ethnomedi-***

zin und Bewußtseinsforschung 3(1994): 243–266

SIMMAT, G.; ROBERT, R.; GIL, R.; LEFEVRE, J. P.

1983 Attempted suicide by ingestion of Datura stramonium seeds, ***Presse Med*** 12(38): 2399

SIMMONS, Marc

1980 ***Witchcraft in the Southwest: Spanish and Indian Supernaturalism on the Rio Grande***, Lincoln und London: University of Nebraska Press (Bison Book).

SINGH, P. D. A.; SINGH, N. C.

1985 The Jamaican thornapple (Datura stramonium L.) as a local source of tropane alkaloids, ***Caribbean J Sci*** 21(3–4): 111–115

SINGH, R. C. P.; SINGH, R. P.

1971 A suspected case of datura poisoning in a cow, ***Indian Vet J*** 48(2): 194–196

SMIDT, N.; BIEDER, L.; THOMAS, R. G.

1978 Datura intoxication, ***NZ Med J*** 87(604):61–62

SMITH, E. A.; MELOAN, C. E.; PICKELL, J. A.; OEHME, F. W.

1991 Scopolamine poisoning from homemade 'moon flower' wine, ***J Anal Toxicol*** 15(4):216–219

SPRINGHALL, J. A.; SEAWRIGHT, A. A.

1972 The toxicity for chickens of rations containing seeds of thornapple (Datura ferox) and Mexican poppy (Argemone ochroleauca), ***Proceed Australasian Poultry Sci Convention*** :161–166

SPURNÁ, Vera; SOVOVÁ, Marie; JIRMANOVÁ, Eva; SUSTÁCKOVÁ, Alena

1981 Chromosomal Characteristics and Occurence of Main Alkaloids in Datura stramonium and Datura wrightii, ***Planta Medica*** 41: 366–373

STAFFORD, Peter

1977 ***Enzyklopädie der psychedelischen Drogen***, Volksverlag

STEVENSON, Matilda Coxe

1915 Ethnobotany of the Zuni Indians [of the Extreme Western Part of New Mexico], ***Thirtieth Annual Report of the Bureau of American Ethnology to the Secretary of the Smithonian Institution***, 1908–1909

STORL, Wolf-Dieter

2000 ***Götterpflanze Bilsenkraut*** – Reihe: Die Nachtschattengewächse – Eine faszinierende Pflanzenfamilie, Nachtschatten Verlag Solothurn

STROBEL, M.; CHEVALIER J.; DELAVARELLE, B.

1991 Febrile coma with granulocytosis caused by Datura Stramonium poisoning (letter), ***Presse Med*** 20(43):2214

SYMON, David E.; HAEGI, Laurence A.R.

1991 Datura (Solanaceae) is a New World Genus, in: HAWKES; LESTER; NEE; ESTRADA (Hrg.), ***Solanaceae III: Taxonomy, Chemistry, Evolution***, S. 197–210, London: Royal Botanic Gardens Kew and Linnean Society

TAHA, S. A.; MAHDI, A. H.

1984 Datura intoxication in Ridyah, ***Trans Royal Soc Trop Med Hyg*** 78(1): 134–135

TESTA, P.; FONTANELLI, G.
1988 Acute poisoning with atropine-like alkaloids of Datura metel, ***Clin Ter*** 125(3): 203–211

THOMPSON, H. S.
1971 Cornpicker's pupil: Jimson weed mydriasis, ***J Iowa Med Soc*** 61(8): 475–477

TIERNEY, Gail D.
1974 »Botany and Witchcraft«, ***El Palacio*** 80(2): 44–50.

TURSUNOVA, R.N.; MASLENIKOVA, V.A.; ABUBAKIROV, N.K
1978 Withanolides of Datura stramonium. II. ***Withastramonolide. Khim. Prirodn. Soedin***, no 1: 91–95

UNGERER, A.
1969 Comparative effects of puromycin and Datura stramonium on retention of instrumental learning in mice, ***C R Acad Sci D*** 269(9): 910–913

UNGERER, A.; SCHUBER, F.; CHAUVIN, R.
1978 A factor isolated from Datura stramonium that affects learning retention in mice, ***Behav Biol*** 24(3): 349–363

URICH, R. W.; BOWERMAN, D. L.; LEVISKY, J. A.; PFLUG, J. L.
1982 Datura stramonium: A fatal poisoning, ***J Forensic Sci*** 27(4): 948–954

VANMEURS, A.; COHEN, A.; EDELBROEK, P.
1992 Atropine poisoning after eating chapattis contaminated with Datura stramonium (thorn apple), ***Trans Royal Soc Trop Med Hyg*** 86(2):221

VANNINI, Claudio; VENTURINI, Maurizio
1999 ***Halluzinogene - Entwicklung der Forschung***, 1938 bis in die Gegenwart Schwerpunkt Schweiz, Herausgegeben von Christian RÄTSCH, Berlin: Verlag für Wissenschaft und Bildung

VAROKHOHAV, L. R.; KARETNYI, V. M.
1965 Otravlenie belenoi i durmanom u detei. [Henbane and Datura poisoning in children?], ***Soviet Med*** 28(2):127–131

VESTAL, Paul A.
1952 Ethnobotany of the Ramah Navaho, ***Peabody Museum Papers*** Vol. XL, No.4, Cambridge Harvard University.

VIEIRA, R. J
1976 Poisoning through the skin by the leaf of Datura arborea. Report of a case, ***Revista Assoc Med Brasil*** 22(3):90

VITALE, Arturo A.; ACHER, Andrés; POMILIO, Alicia B.
1995 Alkaloids of Datura ferox from Argentina, ***Journal of Ethnopharmacology*** 49: 81–89

VOROKHOBOV, L. A.; KARETNYI, V. M.
1965 Hyoscyamus and Datura poisoning in children, ***Sovet Med*** 28:127–131

WALKER, P. L.; HUDSON, T.
1993 ***Chumash Healing, Banning***, CA: Malki Museum Press

WALLIS, T. E.; KONJOVIC, M.
1963 Datura sanguinea R. and P., its stem and leaves, ***J Pharmacy Pharmacol*** 15(Supp):170T–179T

WEIL, Andrew
1977 Observations on consciousness alteration. Some notes on Datura, ***J Psychedelic Drugs*** 9(2): 165–169

WEIN, Kurt
1954 Die Geschichte von Datura stramonium, ***Kulturpflanze*** 2: 18–71

WHITAKER, Thomas W. und Hugh C. CUTLER
1965 »Cucurbits and Cultures in the Americas«, ***Economic Botany*** 19: 433–349.

WILLIAMS, S.; SCOTT, P.
1984 The toxicity of Datura stramonium (thorn apple) to horses, ***NZ Vet J*** 32(4):47

WITTE, L.; MULLER, K.; ARFMANN, H. A.
1987 Investigation of the alkaloid pattern of Datura innoxia plants by capillary gas- liquid-chromatography-mass spectrometry, ***Planta Medica*** 53(2):192–197

WOODWARD, Arthur
1975 ***Navajo Silver: A Brief History of Navajo Silversmithing***, Flagstaff, Arizona: Northland.

WORTHINGTON, T. R.; NELSON, E. P.; BRYANT, M. J.
1981 Toxicity of thornapple (Datura stramonium L) seeds to the pig, ***Vet Record*** 108(10):208–211

YARNELL, R.A.
1959 Evidence for Prehistoric Use of Datura, ***El Palacio*** 66: 176–178

ZENG, Y. M.; LIU, N. G.; SHEN, Y. T.; YANG, Y. F.

ZAPHIROPOULOU, Photini
1993 ***Delos: Denkmäler und Museum***, Athen: Krene Verlag.
1982 Hemodynamic studies of the effect of total alkaloids of datura in experimental hemorrhagic shock in dogs, ***Resuscitation*** 10(2):129–133

ZHENG, Z. X.
1980 Rheological observations of blood in chronic bronchitis, pulmonary emphysema, cor pulmonale and studies on the effect of Datura metel L in improving circulation and relieving stasis. (author's transl), ***Chung Hua Chieh Ho Ho Hu Hsi Hsi Chi Ping Tsa Chih*** 3(2):65–8

ZUBKE, Achim
2000 Engelstrompeten und andere berauschende Nachtschattengewächse, ***Hanfblatt*** 7(68): 14–16

ZUIDEMA, P. J.
1985 Poisoning caused by Datura fastuosa (ketjubung), Ned Tijdschr Geneeskd 129(29):1386–1388

Anmerkung: Weitere Literaturhinweise zu themenrelevanten Randgebieten siehe bei Christian RÄTSCH, ***Enzyklopädie der psychoaktiven Pflanzen***, Aarau: AT-Verlag 1998

Periodika

DeKorne & Schuldes (Hrsg.)
Entheogene - Forum für entheogene Forschungen, Verfahren und Erfahrungen
– eingestellt –

Hartwin Rohde
Entheogene Blätter (Nachfolgezeitschrift der ENTHEOGENE)
Monatliche Erscheinungsweise; Abo: 15 bis 60 EUR;
Hartwin Rohde, Danziger Straße 84, 10405 Berlin,
E-Mail: info@entheogene.de, Internet: http://www.entheogene.de

Multidisciplinary Association for Psychedelic Studies
MAPS Bulletin
Mitgliederzeitschrift; Vierteljährlich; 35 $ – 49 $ + 15 $ außerhalb USA;
MAPS, 2105 Robinson Avenue Sarasota, FL 34232 USA;
E-Mail: info@maps.org, Internet: http://www.maps.org

Bauer, Hanslmeier, Luna u.a.
integration – zeitschrift für geistbewegende pflanzen und kultur
– eingestellt –

Ressourcen im Internet

Datura

http://www.erowid.org/plants/datura/datura.shtml
http://www.entheogen.com/datura/home.html
http://entheogen.com/datura/faq.html
http://leda.lycaeum.org/Documents/The_Genus_Datura:_From_Research_Subject_to_Powerful_Hallucinogen.16212.shtml

Brugmansia

http://www.brugmansia.dk/
http://www.erowid.org/plants/brugmansia/brugmansia.shtml
http://forums.gardenweb.com/forums/brug/ (Brugmansia-Forum)
http://www.dragoco.com/de/company/forschung/brugmansia.jsp

Datura und Brugmansia

http://leda.lycaeum.org/Documents/Datura_and_Brugmansia_species_as_Sacred_Plants_and_Medicines.16271.shtml
http://www.americanbrugmansia-daturasociety.org/

[1] Literaturangabe in: RÄTSCH 1998: 201
[2] BERGER – Stechapfel – 26.06.2003